# 稽古の思想

Tadashi NISHIHIRA

西平 直

春秋社

# はじめに

「筆、おのずから動く」。もはや私が筆を動かすのではない、筆が、私の手を通して、おのずから動く。

書道とはまるで縁のなかった私が、いつどこで、こうした言葉を耳にしたのか。何となくわかるような気がしたのだが、「わかる」などと言ったら笑われるに違いないと考えたことを、よく憶えている。

別の時には、こんな言葉にも出会った。「書は心です、人柄です。心を磨き、人柄を高めなければ、本当の書になりません。我の働きから離れ、書に遊ぶこと、それ純一になりきること」。

これも分かるように思った。しかし自分がなぜこうした言葉に共鳴するのか分からなかった。なぜ自分はこうした言葉を大切であると感じ、そこに真実が含まれていると感じるのか。

なぜか、こうした言葉は親しかった。どういったらよいのか、あらかじめ自分の中で感じていたことを適切な言葉で語ってもらえたような、その意味で少し気恥しさを含んだ懐かしい感覚である。

「日本的伝統」と考えないこともなかったが、とりたてて「日本」を強調したいとは思わなかった。アジアにも欧米にもこうした感覚を共有する友人がいた。ただ、その人たちから説明を求められた時、何も答えることのできない自分は情けないと思った。

日本語で蓄積されてきた知恵を海外の友人たちにも共有してもらいたい。そのためには、少しは言葉で説明できるようにしておきたい。そう感じたことが、「稽古」を、思想として、学び始める一つのきっかけであったことは間違いない。

しかしそれだけではなかった。実は、大学の教師になりたての頃、たくさんの学生の前で話をすることがとても苦痛だった。どうすればよい授業ができるのか。その手掛かりを求めて、あれこれ彷徨《さまよ》った挙句、最後に「稽古の思想」に辿りついた。正確には、世阿弥の伝書に出会い、授業を「舞台」と見立て、「無心に舞う」ように授業をしたいと、まるで滑稽なことを、ひとり考えていた。それほど追い詰められていたのである。

その意味では、「稽古の思想」はすべて自分の問題であり、我が事であった。武道・芸道など、ジャンルは関係なかった。あるいは「稽古」の範囲も超え（修行も修養もレッスンやトレーニングも）、すべて関連しそうな話は「稽古の思想」として読んだ。そしてたくさんの知恵を授かり、同じだけ、たくさんの疑問を持った。

師匠はいなかった。尊敬する方には何人もお目に掛かったが、ある一人の師匠から教えを受け継ぐという仕方で学んだことはなかった。その意味では初めから「稽古」の原則を逸脱していたことになる。

稽古の「王道」は一人の師匠の下でその流派の技芸を学ぶ。稽古はその流派の技芸と密接に結びつき、他のジャンルとは交流しない。他と交わらぬ純粋な継承関係が理想とされてきた（縦の系列・師資相承）。

その伝でいえば、この本は、「王道」から外れた者が、道に残された言葉を頼りに、その内側に秘められた知恵を尋ね歩いた無謀な試みということになる。

稽古の言葉は現場の言葉である。具体的な「わざ」に即し、具体的な相手に向けて語られた（文脈依存性の高い）言葉であって、その現場から切り離し、言葉だけ相手にしてもその本当の意味は分からない。

あるいは、それらの言葉はしばしば「反転」する仕掛けを秘めている。それは聞き手に「気づき」を促し、聞き手の内側に新たな地平を切り開いてゆくための仕掛けであって、言葉だけ単独に検討しても、生きた知恵は伝わらない。

そうした理屈を痛いほど感じながら、しかしその理屈をもって内向きになり、他領域との交流を避け、秘伝として神話化しようとする傾向はもったいないと思われた。あるいは、逆に、そうした言葉を、見栄えのするキャッチコピーとともに「商品」として売り出そうとする傾向には、どうしても馴染むことができなかった。

そうではなくて、声を荒げることなく、静かに検討する。その語りの構図を整理し、その内側に秘められた知恵の位相を慎重に確定する。そうした地道な作業を願ったのである。「稽古」などという古めかしい話には縁がなかった方々に、その知恵の一端をご覧いただく機会になるのであれば、こんな嬉しいことはない。

稽古の思想

# 目次

# 稽古の思想

# Ⅰ　うまくゆく時、ゆかぬ時

# 第1章　「気にする」のか「気にしない」のか

## 準備するということ

長い学生時代を終え、ようやく職を得て、大学の講義を担当するようになった頃、講義がうまくゆく時とゆかぬ時の違いに一喜一憂していた。

なぜか分からないのだが、うまくゆく時は、うまくゆく。そして、うまくゆかぬ時は、なぜか、うまくゆかない。

準備が大切と教えられたから準備するのだが、うまくゆくとは限らない。逆に、ぶっつけ本番、その場の勢いで話した時に、学生たちの反応がよかったりする。では、準備しない方がよいかといえばそうとも言えない。ぶっつけ本番が必ずよい成果をもたらすとは限らない。ということは、準備してもしなくても、いずれもうまくゆく保証はない。ならば、準備は、出来の良し悪しには関係しないのか。

うまくゆく時は、「恩寵」にあずかるように、ありがたい流れになる。私の言葉が学生たちと響き合うように感じられ、彼らの顔も輝いて見えるから、ますます嬉しくなってくる。

ところが、うまくゆかない時は、どうにも空気が重い。テーマが悪いのか、天気が悪いのか、これはいけないと、工夫を試みるのだが、そのすべてが裏目に出る。そうした時は、(『兵法』の教え通り)ともかく兵力温存、余計なことはせずに、早めに撤退するしかない。

そうした繰り返しの中で、私は次のように考えた。自分の力ですべてを操作することは不可能である。しかしある時点までは、自分で対処し得るし、対処しなければならない。その際、自分で対処すべきところで準備がないと、痛い目に遭う。しかし、その場の流れに任せるべき潮目を読み間違うと、これも痛い目に遭う。

ということは、すべてを自力でコントロールする場合に備えて、シナリオを用意しておく。その準備の上で、状況に合わせて、シナリオを手放す。いわば、即興 improvisation

になる。そして、そのまま即興を続けた方がよい時は、そのまま進めるが、シナリオに戻った方がよい場合は、いつでも戻る。

つまり、シナリオを土台としたうえで、いつでも、そこから離れるタイミングを見計らっているということである。タイミングを逃すと、その場の流れを生かすことができない。そう思ってみれば、講義の準備とは、そこから離れるための踏み台であったことになる。準備しておく方が、踏み切りがよい。踏み台はしっかり固定されている方が、しっかりジャンプできるからである。

即興を輝かせるためにこそ、事前の準備が大切になる。それが、暗中模索の中で、自分なりに掴み取った、準備の基本原則であった。

## 力を抜く

ところで、フランスで出会った若い日本研究者が面白いことを話してくれた。日本の稽古の場面では「力を抜いて」という言葉がマントラのように繰り返されているというのである。

呪文のように聞こえるのかと感心したのだが、そう思ってみれば、この言葉は、様々な場面で耳にする。「固くならないで」とか、「力が入りすぎている」とか、多くはコーチや指導者など、見ている人が、演じる人（パフォーマー）に向けて語る。

では「力を抜く」とはどういうことか。分かりやすいのは、まず一度「力を入れ」、その後で「力を抜く」という動作である。例えば、こぶしを握り、両手に力を入れておいて、その後、力を抜く。

ということは、あらかじめ力が入っていないと「力を抜く」動きは始まらない。最初から「力を抜く」ことはできないのである。

そう思ってみれば、なぜ、稽古の場面で、この言葉が（マントラのように）繰り返されるのか少し分かる。稽古は、力が入りやすい場面なのである。それどころか、稽古は、ある時は、「力を入れる」ことを勧めるのである。

ある時は、力一杯、ありったけの力を込めて飛び跳ねてみる。しかし力が入りすぎると、余計なところに力が入り、バランスが崩れるから、力を抜く。

初めから「力を入れない」のではない。力を入れておいて「力を抜く」。そして、その「力が抜ける」時の感覚を、からだに染み込ませる。あるいは「力が抜ける」機会を利用して、自分のからだのバランスを整える。そこで、稽古の場面では、この言葉が（マントラのように）繰り返されることになる。

ということは、本当は「力を入れて」と「力を抜いて」がワンセットなのである。ところが「力を入れる」ことは、稽古の場面では容易にでき、あるいは、自然と「力が入ってしまう」から、「力を抜く」ことが強調される。

初めから「力が抜けている」ことが大切なのではなくて、力が入ってしまうから、力を抜く。そして、その「力が抜けてゆく」感覚を、からだに染み込ませようとする。何度も繰り返す中で、「余計なところに力が入っている」感覚と「力が抜けている」感覚を、からだに覚えこませてゆく。

シナリオを準備しておいて手放す流れと同じである。初めから準備しないことが大切なのではなくて、準備した土台から離れること。

同様に、初めから力を入れないのではなくて、力が入ってしまうから、力を抜く。力を入れておいて力を抜く。その反転する動きが重要なのである。

## 「わざを習う」と「わざから離れる」

さて本書は、こうした動きを、稽古において考えようとする。あるいは、稽古の核心は、こうした反転する動きにあると理解する。

稽古は「わざ」を習う。技術を学び、技芸を身につけ、その道の「わざ」を完全に習得することを目指している。

ところが、「わざ」の習得が最終到達点ではない。その先がある。というより、稽古は「わざ」に囚われることを警戒し、「わざから離れる」ことを勧めるのである。

これから何度も見るように、稽古の思想には「囚《とら》われる」に類する言葉がしばしば登場する。例えば、縛られる、繋縛《けばく》される、あるいは「居づく」という言葉が用いられることもある。

その中で、最も知られているのは「型に縛られる」という用例である。型が流れを妨げ、自由に動くことができない。型に執着してしまう。稽古はそれを危惧する。「型」は必要なのだが、しかし「型」によって束縛され・拘束されてしまう危険を、稽古は繰り返し警

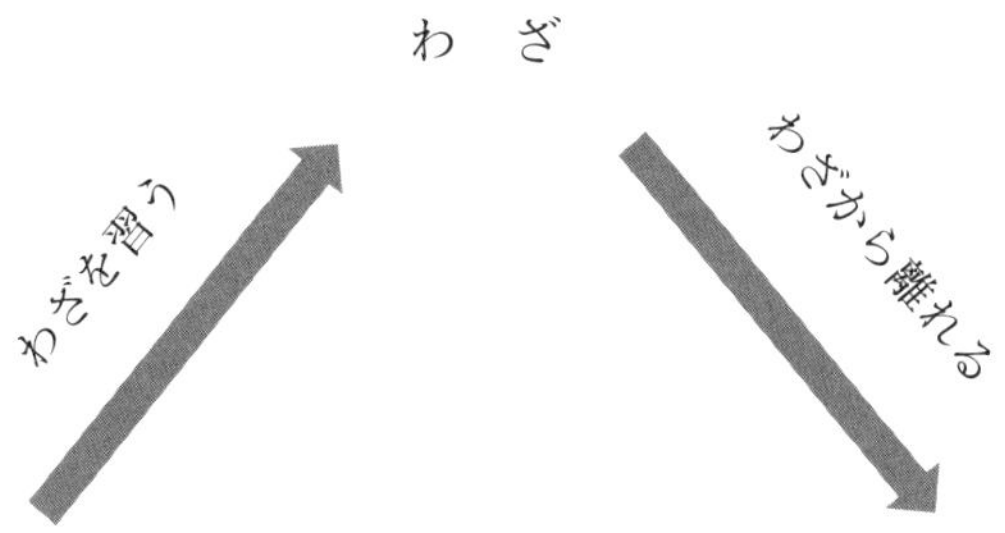


図1

告するのである。

同じことが「わざ」についても語られる。長い時間をかけてようやく身に付けた「わざ」であるから大切である。大切であればあるほど、守りたくなる。「わざ」を遵守するために、自由な動きが固まり、「わざ」に縛られてしまう。稽古はそれを危惧するのである。そして「わざから離れる」方向を示す（図1）。

つまり、二つのベクトルが区別される。ひとつは〈わざを習う〉方向、もうひとつは〈わざから離れる〉方向。

順序としては前者が先立つ。「わざ」を習得していなければ「わざ」から離れることはできない。まず習得し、その後、離れる。離れることなく習得した「わざ」にそのまま留まってしまうと、そこに囚われてしまう。

# 反転する

重要なのはその先である。稽古は、この二つの方向を、ただ対立させるのではなく、微妙な仕方で組み合わせようとする。

例えば、互いが互いを刺激する。単に逆方向に向かうのではない。「わざを習う」方向と「わざから離れる」方向が、互いに引っ張り合う。あるいは、ひとつの方向に向かう場合にも、必ず「逆方向」への動きが裏打ちしている。

もしくは、この「反転」は一度だけではなく、「わざを習う」ベクトルにも反転の機会があり、「わざから離れる」ベクトルの中にも反転の機会が含まれている。どちらか一方向にひたすら突き進むのではない。反転の機会こそ大切である。むしろ、反転する瞬間を造りだすことが稽古の狙いであるようにすら見える。

実は、「わざから離れる」ことが目的ではない。「わざ」が最終目的ではなかったように、「わざから離れる」ことが最終目的なのではない。本当に大切なのはその後であって、それまでの「わざ」から離れようとしていると、おのずから、新たな「わざ」が生じてくる。その「生じてくる」出来事を大切にする。

しかし、その生じてきた「わざ」も、再び自由な動きを縛ることになるなら、そこからも離れようとする。いわば次のサイクルに入る。しかし単なる繰り返しではない。むしろ、そのつど、あらたな反転の機会を作るのである。

こうして稽古は「反転」を大切にする。そして反転するためには、逆方向に向かう二つのベクトルが必要になる。その意味では、やはり逆方向であることが大切である。しかしそれは決して相手の消去を願うのではなく、「一方がなければ他方も存在できない」という意味において相補的である。

そして、ここまで理解してみれば、稽古がなぜ常に「全体」を重視するのか、その理由が少し見えてくる。稽古は、最終的には、この二つのベクトルを併せ持った「全体」を大切にする。逆方向に向かう二つのベクトルが互いに補い合う「全体」が重要な目標なのである。

## 気になる、気にする、気にしすぎる

さて、こうした二つの方向を確認したうえで、今度は、「気にする」という言葉に目を留めてみる。稽古とは「気にする」ことを勧めるのか、それとも「気にしない」ことを勧めるのか。

稽古の話をする時、学生たちがしばしば口にするのは、「気にしすぎる」とか「あがる」という経験である。例えば、試合開始前の緊張があり、プレゼンテーションの場で「あがってしまう」不安がある。

ちなみに、この「あがる」という日本語は広がりを持った言葉であって、英語では「神経質になる get nervous, feel nervous」、「固まってしまう freeze up in public」、あるいは「自己意識的になる feel self-conscious」などと語られる。

「心の持ちよう」と語られることもあるが、正確には「心」だけではない、身体感覚の全体も含めた、自分自身への関わり方のギコチナサである。

「気にする」という言葉も、自分自身に向けられる場合、しばしば行きすぎ、気にしすぎることになる。そして緊張し、あがってしまう。

そこで、この文脈における「気になる」の反対語は、「気にならない」となる。「気にしすぎる」ことなく、「気にしない」、「気にならない」。

ところが、面白いことに、「気にする」の反対語には、もうひとつ、「気づいていない」ということがある。例えば、自分の弱点に気づいていない、気づくことができずにいる。

では、「気にならない」と、「気づいていない」はどう違うのか。例えば、野球の素振りを考えてみれば、コーチに指摘されるまで自分の肘《ひじ》の位置に気がつかなかったと語る場合、その選手は自分のフォームに「気づいていなかった」ことになる。

コーチに指摘されて初めて気がついた。そこで修正しようと意識し、自分の肘を気にするようになる。気にすることによってフォームを直し、何度も確かめる。

ところが、あまり気にしすぎると、今度は余計な力が入ってしまう。あまり気にするのはよくない。ということは、一度は気づき、からだで確認したら、もうそれ以上気にしない方がよい。「気にしない」ようにする。

つまり、「気にならない」は、一度気づいた後になって、初めて成り立つことなのである。もはや気にする必要がないほど身に付けた後になって、初めて「気にならない」という

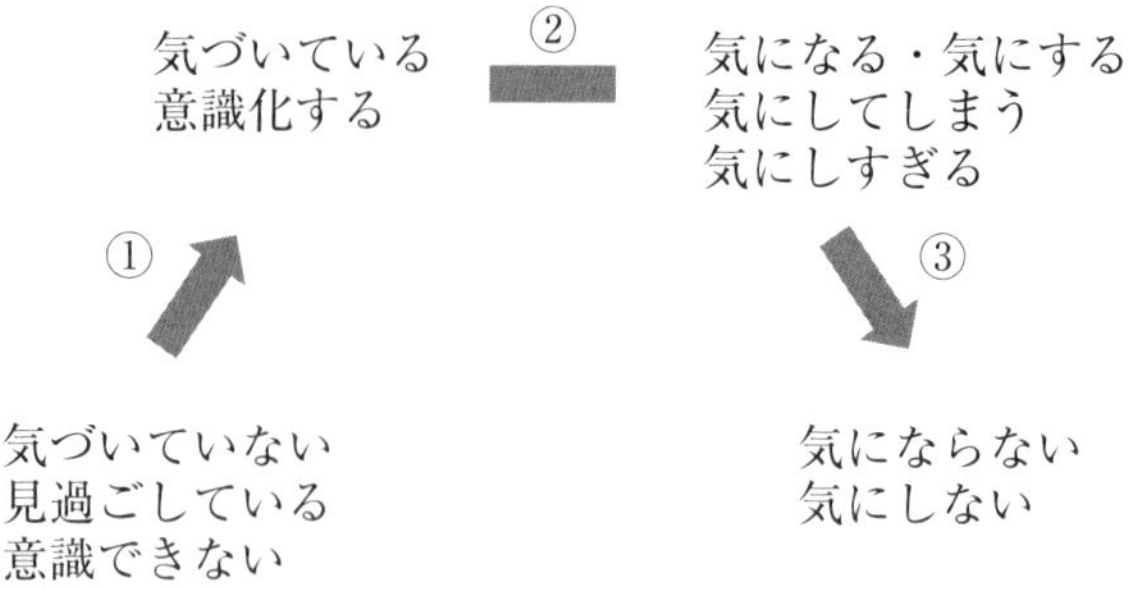


図2

う。それに対して、「気づいていない」は、文字通り、自分のフォームに気づいていない。気づくことができない。

図を見ながら確認しておく（図2）。

1、「気づいていない」状態に対して、稽古は「気にする」ことを勧める（①）。自分の動きに「気がつくことができない」と、改善してゆくことができない。見過ごしていたことに気がつき、意識化すること。稽古は、この段階では、それを大切にする。

2、ところが、この「気づき」は、行き過ぎると、「気にしすぎる」ことになる（②）。いわば、「気づき」には良い面と悪い面があるということであって、「気づいていない」に対しては、気づくことが大切なのだが、それが強くなりすぎると「気にしすぎ」になってしまう（囚われ・縛られてしまう）。稽古は、「気づき」がもたらす弊害を警戒するのである。

3、さて、「気にならない」は、一度気づいた後に、その「気づき」に留まることなく、そこから離れることができる（③）。例えば、うっすら「気づいている」のだが気に留めない。もしくは、気にしようと思えば、いつでも気にすることができるが、しかし気に留めずに流している。その意味で、「特殊な二重性」を持っていることになる（8章・9章・10章を参照）。

## 補節　「稽古」と「練習」

ここで「稽古」という言葉について見ておく。「稽古」という文字は、古代中国の典籍（『書経』など）に見られるが、日本では『古事記』序文に登場し「古（いにしへ）を稽（かむがへ）る」と用いられる。「照今」（今に照らす）と合わせ、「稽古照今（古に範をとり古に照らして現在を顧みる）」ともいう。

中世以降、芸道思想の中で「稽古によって己を磨く」という意味が強くなるが、用語が一定していたわけではなく、「修養」「修行」「修練」などと混用されてきた。

今日では「練習」の類語とされる。伝統的な武道・芸道の領域で使用される場合が多いが、あくまで用例が多いということにすぎず、「稽古」と「練習」を明確に区別することは困難である。

しかし両者の違いはしばしば話題となる。しかも、そのほとんどが稽古の側から語られる。つまり、稽古の優位を確認するために、例えば、以下のように区別しようとする。

練習はただ繰り返すのに対して、稽古は古《いにしえ》に照らし考えながら行われる。稽古には「型・規範・先人の手本」があるのに対して、練習には長いタイムスパンの一貫した規範がない。

あるいは、練習が本番舞台（試合）を目指した事前準備であるのに対して、稽古はそのつど本番である。稽古は常に全力で行なわれる。

さらには、目指す先が違う。練習はスキルの上達を目標とするのに対して、稽古はそれを通して精神を鍛え、内面的な向上を目指す（内的成熟）。

こうした語りを通して稽古が繰り返し強調するのは、まず、「師」の存在である。稽古は「師」なしには成り立たない。師を通さなくては、継承されてきた教えを受け継ぐことができない。正確には、師の師を遡った最初の師（祖師・開祖）が重要な意味を持ち、そこから縦の系列が重視され、あるいは、流派に分かれる。そしてその流れの中では、目の前の師も「道の途上」にある。弟子たちは、師匠と同じ道を進むことによって、ひとつの道を究めようとする。

第二に、練習が「教える―習う」関係であるのに対して、稽古における師は教えない（コーチのように手取り足取り説明しない）。弟子は師を模倣する、あるいは、師の芸を盗む。

しかもその模倣は、スキルの模倣にとどまることなく、師の生き方全体を模倣する。その典型が「内弟子制度」であって、師匠の家に住み込んで雑用全般をこなしながら修行することによって、師匠の生活世界に丸ごと入り込む（参入し同化する）。

このように「稽古」は、「練習」との違いを強調するという仕方で、自らの独自性を主張することが多いのである。

ところが逆に、練習の側が、稽古との対比によって自らの優位を主張することは、ほとんどない。「稽古」は古臭いと思われているから、わざわざ「稽古」との違いを強調して「練習」の優位を語る必要はないということである。

学生たちによれば、言葉のイメージとして、「稽古」の方が「練習」より厳しい。例えば、稽古は、スキルやテクニックを分かるように教えてくれない。意味が分からなくても繰り返さなければならない。気合いや根性が強調され説教臭い。さらには、大切なことを教えないことによって権威を保っているように感じられ、規範の内面化を要求する規律訓練に近い印象を与えるというのである。

「しつけ」との区別

規律訓練に近いという点において、「稽古」は「しつけ」と似ている。どちらも「良い（誉められる）」と「悪い（罰せられる）」の区別を身に付けさせる。しかし、しつけは「わざ」を含まない。しつけは、特定のわざの習得が目的ではなく、社会規範（共同体のルール）の習得を目指している。逆に、稽古は社会規範の習得を第一義とするわけではないが、結果として（副産物として）、しつけと同じ成果をもたらす。あるいは、それを「副産物」とみるのではなく、「わざの習得」と「しつけ」の一体化した機能が「稽古」と呼ばれる場合もある。

「修行」との区別

修行は、本来、宗教上の目的を実現するための身心鍛錬・心身浄化の組織的な実践である。

しかし今日、ゆるやかに、「努力して学問を学び・技芸を磨く」という意味でも使われ、その場合は、稽古と重なる。稽古も、その究極においては、心身浄化を目指すと語られるから、区別がつかない。

しかし、およそ「わざ」の習得に比重をおく場合を「稽古」と呼び、「心身浄化」に比重を置く場合を「修行」と呼ぶ場合が多い。

なお、この「心身浄化」は、先にも見た通り「心を磨く・己を磨く・人間を磨く」などと語られるほか、「本質を見極める力をつける」、「人格の完成を目的とする」などとも言い換えられる。あるいは、「自分と向き合う時間をもつ」、「生き方・考え方を学ぶ」という仕方で道徳論とつながり、「根本的な立ち居ふるまいを身につける」という仕方で美意識とつながることもある。いずれにせよ、「身体的な動作を習得することによって精神が変容する」という理解の中で、精神的・内面的・人格的成熟が強調されることになる。

類語

その他の類語として、修練、鍛錬、研鑽、錬成、修業、修養、訓練、あるいは、トレーニング、レッスン、エクササイズなど、様々な用語がある。その相互関係を明確に規定することはできない。論者によって用語法が異なり、定義を一義的に確定することができないためである。例えば、「稽古になっていない、それではエクササイズだ」という語りは、その時その場の関係性の中でのみ通用する（状況依存性が強い）語りとして理解されるべきであって、「エクササイズ」という言葉の一般的（意味論的）定義を規定することにはならない。

ただ、例えば「錬成」のように、歴史上、特定の固有名詞として用いられた場合（「国民錬成所」・「教学錬成所」）、そうした過去の用例との異同を丁寧に明示する必要がある。

「稽古」の英訳

英語で語る場合は、training, practice, exercise あるいは、study, learn, take lessons, do exercises など、文脈に応じて使い分けることになる。さらに、予行演習の意味では、rehearsal、熟達の意味を強調する場合は expertise、師匠の下で見習う期間は apprenticeship なども関連する。

「道場」という言葉

稽古を行う場が「道場」と呼ばれる場合がある。例えば、剣道の道場のように、武道で使われる場合が多いが、仏法修行の場を「道場」と呼ぶこともあり、必ずしも稽古に限定されない。

なお、「道場」は「道を修する場」と理解されることが多いが、「道が顕れる場」と理解することもできる。道が、稽古を通して、その場に顕れる。人が稽古するのではない。道が人を通して顕れ出る。そう考えてみれば、その「場」を、特定の場所に限る必要はなく、日々の暮らしがすべて「道が顕れ出る」場となりうる。「道場」は特定の稽古場ではない、日々の暮らしすべてが「道場」ということになる（11章・12章を参照）。

## ＊コラム① 道と稽古

稽古は「道」と結びつく。茶道・剣道・芸道など、すべて道である。では稽古における「道」とはどういうことか。考える手がかりを与えてくれたのは二冊の本である。

まず、魚住孝至『道を極める──日本人の心の歴史』（放送大学教育振興会、二〇一六年）。道を極めた人物が並ぶ。貫之、定家、西行、兼好、世阿弥、利休、等伯、芭蕉、北斎、武道では柳生宗矩、宮本武蔵、近代に入ると剣道の山岡鉄舟、柔道の嘉納治五郎、弓道の阿波研造といった錚々《そうそう》たる達人たち。しかし、考えさせられたのは、その舞台設定である。

芭蕉の言葉が引用される。「西行の和歌における、宗祇の連歌における、雪舟の繪における、利休が茶における、其貫道する物は一なり」。では彼らを貫いていたものは何か。ジャンルは異なるにもかかわらず、「道の極め方」には通じるものがあるのではないか。あるいは、「道を極める」という視点から見ることによって、「日本人の心の歴史」が見えてくるのではないか。

魚住氏は「日本人の思想の奥底にある強固な精神の基盤」という。「具体的で現実的な技芸の道を追究して身心を変容させる中で真理の一端に触れ得るとする発想」。具体的で現実的な技芸、ということは、「俗」である。出家して修行するのではない。世俗の中で、画や俳諧の技芸を追究し、その中で身心が変容し真理の一端に触れ得る。そうした発想が日本の思想の奥底に流れていたというのである。

そこから「神道的発想」と「本覚思想」に注目してゆくのだが、興味深いのは「道を極める」という視点である。これが「稽古」とどう重なるのか。

魚住氏も「稽古する」という言葉を使うが、同じだけ「鍛錬する」「修養する」などとも言い換える。つまり「道を極める」はそれらの動詞をすべて内に含んだ、より広い言葉である。何らかの「わざ」を通して真理の一端に触れ、生涯をまっとうする。

それと比べてみれば、本書が考えようとする「稽古」は、もう少し幅が狭い。芸道や武道を中心にしつつ、重要なのは、何らか「初めに還る」という論理構造である。「わざ」を習得して終わりではない。その先がある。しかも何らか初めに還るかのように、反転する。本書は、稽古の思想に含まれるそうした反転の構図を解き明かそうとするのである。

もう一冊は、ドイツの哲学者、オットー・F・ボルノーの稽古に関する考察である。ボルノー『練習の精神――教授法上の基本的経験への再考』（岡本英明監訳、北樹出版、二〇〇九年)。

日本の伝統的な稽古に感銘を受けたこの哲学者は、稽古が「単なるスキルの習得」ではなく、「それ以上の何か」を目指しているという。それは「内面性の成熟」、「内的自由の獲得」などとも言い換えられるのだが、およそ私たちの言葉でいえば「人間を磨く」ことである。スキルの習得を通して人間を磨く。

ということは、この区別に倣えば、練習が「スキルの習得」であるのに対して、稽古は「スキルの習得を通した人格の変容」ということになる。

ところが、この哲学者自身は日本語を解さないから、「稽古」と「練習」を用語として区別することができない。ドイツ語ではどちらも同じ Übung である。そこで、この哲学者は、同じ動詞が二つの異なる意味を持つと強調した。つまり、今日一般に使われる「スキルの習得」と、日本の伝統思想の中で使われていた「スキルの習得を通した内面性の成熟」。その二つの位相を区別し関連づけて見せたのである。

厄介なことに、『練習の精神』と題されたその邦訳書は、(同じ原語は同じ訳語で一貫するという原則の下に) Übung をすべて「練習」と置き換えてしまったために、「稽古」という言葉が登場しない。そこで、話の中身は「練習」から区別された「稽古」であるにもかかわらず、「稽古」という文字が登場しないまま、すべて「練習」の問題として語られてしまう。日本語で理解すれば、ボルノーの考察は、まさに「練習」と「稽古」の違いを解き明かす試みであったのである。

そう確認したうえで、しかし本書は、「稽古」をボルノーとは異なって理解する。稽古を「スキルの習得を通した人格の変容」と理解するのではなくて、稽古を「練習と脱練習の組み合わせ」と理解する。

つまり、「スキルを習得する方向」と「それとは異なる方向」との組み合わせである。「練習」に「脱練習」が加わることによって、新たな動きが生じ、その結果として「人格の変容・内面性の成熟」が生じると理解するのである。

注意を要するのは、「脱練習」があるから「人格の変容」が生じるわけではないという点である。そうではなくて、「脱練習」が加わることによって「練習」に厚みが生じる。あるいは、練習が単なる直線的上昇ではなくて、一度停止し、あらためて新たな形で始まる。その反転する動きの中に「人格の変容」が生じる秘密が隠されていると理解するのである。

その意味ではあくまで「練習」が重要である。しかし「脱練習」がなければ「練習」が反転できないという意味において、「練習と脱練習の特別な組み合わせ」を大切にしようとするのである。

# Ⅱ　スキルとアートと脱学習

# 第2章　スキルとアート

「わざ」という言葉は深い。様々な位相で使われ、定義ができない。そこで「スキル」と「アート」という言葉を補助線とする。スキルが「わざを習う」ベクトルに対応し、アートは「わざから離れる」ベクトルに対応する。

アートは習うことが出来ない、おのずから、生じてくる。世阿弥は「似得る」という。『風姿花伝』で語られた「似する」「似せぬ」「似得る」の話である（『風姿花伝』）。以下、順に見てゆくことにする。

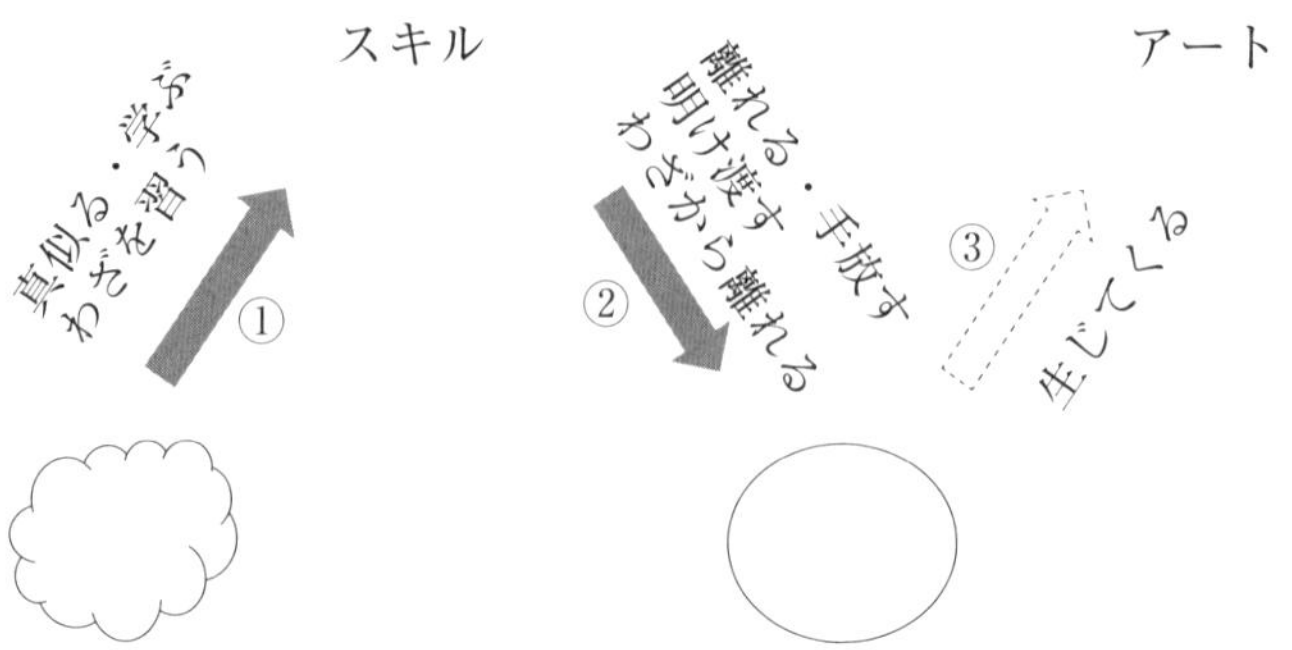


図3

## アート

「スキル」と「アート」という言葉を手掛かりに、図にそって考える（図3）。

図には、矢印が三本描かれている。

まず、昇る方向①は「真似る・学ぶ learn」であり、その目指す先が「スキル」である。技術やテクニックを習得し、スキルを身に付ける方向である。

それに対して、降りる方向②は、「離れる・手放す・明け渡す」であり、スキルから離れてゆく。技術やテクニックを手放してゆくから unlearn が対応する。

第三に、もう一度、昇る方向③が示される。技術やテクニックを手放してしまうと不安定になるのだが、その中から、その時その場にふさわしい「わざ」が生じてくる。それは、スキルの立場から見れば、「はみ出している」のだが、その時その場の状況のなかでは、最もふさわしい「わざ」となる。それを本書は「アート」と呼ぶ。

「スキル」がルールを厳格に守るのに対して、「アート」はそのルールからはみ出ることも認める。ルールを無視するのではなく、ルールを踏まえた上で、しかしその時々の状況のなかで、ルールを超えてしまうこともよしとするのである。

こうした「アート」を認めることなく、ひたすら「スキル」を厳格に守る態度を、先にも見た通り、稽古の思想は「囚われる」と警戒する。スキルに囚われている、縛られている。技術に縛られ、動きが固くなっている。

さて、先に見た図（図1・一二頁）と比べてみる時、この図には、「生じてくる」というベクトル③が加わっている。その先に「アート」が生じてくると理解するのである。

そこで、ここでも要点を整理しておく。

1、スキルの習得が、稽古の最終目標ではない。スキルですべての事態に対応できるわけではない。その点を稽古の思想は繰り返し強調する。例えば、予測できないハプニングが生じる。その時、スキルに縛られていては、対応できない。その時その場で、咄嗟に、からだが反応するのでなければ、実際の場面（舞台・試合）に対応できない。

それをアートと呼ぶ。スキルを身に付けた上で、スキルから離れてゆく時、その先にアートが生じてくる。ということは、アートは、（今から何度も見るように）スキルを使うこともできるが、使わないこともできるということである。

2、「わざ」は「スキル」と「アート」から成り立つ。そして稽古はこの両者を習得することである。その際、重要なのは、初めから「アート」だけを習うことは出来ないという点である。「アート」は大切なのだが、初めから「アート」を習うことは出来ない。やはりまず「スキル」を身に付け、その後に、そのスキルを手放してゆく。スキルから自由になる、ということは、いつでもスキルに戻ることができる。スキルを確かな土台としたうえで、そこから離れることもできる時、「アート」が成り立つということである。

## 稽古の教えから

稽古の思想は、こうした反転を、様々な場面で、繰り返し伝えてきた。例えば、歌舞伎役者はこんなことを語っている（『新撰古今役者大全』）。

稽古は徹底して努力する（「精を出し、心を尽くす」）。しかし舞台に出たらリラックスする

（「やすらかにすべし」）。稽古の中で存分に工夫していれば、舞台で「やすらか」にしても、間が抜けたりしない。逆に、稽古において工夫を怠り、舞台に出た時だけ工夫しようとすると汚く、卑しくなる。

稽古の時はセリフを完璧に覚えるのだが、しかし初日には、そのすべてを忘れて舞台に立つ。そして舞台に立って、相手のセリフを聴いて、その時に思い出されるセリフを言うのがよい。

さらに、こんなことも言う。おぼえたてのセリフがしっくりこないのは、漬けたての漬物がしっくりこないのと同じである。漬物の本当の味わいには「熟する時」が必要である。しばらく着こなし、馴染ませて、はじめて、セリフがしっくりくる。そうなって初めて、借り物ではない、その人の内側から出てきたものとなる。その人の中で熟し、その人の味わいとなったセリフとなる。そのためには、常日頃の稽古の中で、からだに馴染ませておく。「常」になる必要がある。「常をもって手本とす」というのである。

あるいは、同じことを、茶道の千利休はこう語る。

「稽古とは一より習い十を知り　十よりかえるもとのその一」。

稽古は、十まで学んだ後、再び、一に還る。十に到達して終わりではない。十に至ったら、再び、最初に向かって戻ってこなければならない。

「一より習い十を知る」とは、スキルを完全に習得することと理解される。ところがそこから還ってくる。最初に戻ってくる。そして「もとのその一」を味わい直す。

十まで習ったうえで、あらためて、最初の「一」に戻る時、初めて「一」を習うように感じる。今まで何も分かっていなかった。新鮮に「一」に出会う。

あるいは、最初の「一」に戻る時、その「一」がまるで違って体験される。実はその「一」の中にすべての展開が含まれていた。それに気がつく時こそ、自分の心の成長に気がつく貴重な機会ということになる。そして、何度も最初からやり直す。

そうした様々な教えを内に含みながら、反転が語られる。十の後、そのまま同じ方向に直進するのではない。反転する。

スキルを習得する方向と、スキルから離れる方向。十に向かって進む方向と、あらためて、最初の「一」に戻ってゆく方向。戻る時、それまでとは違う地平が拓けてくる。本書はアートと呼ぶ。アートが生じてくると考えるのである。

ということは、アートも、何度も更新される。最初の「一」に戻る時、そのつど、アートは新しい地平に更新されることになる。

## ＊コラム②「する」と「しない」

「する」だけが大切なのではない。「しない」ことも大切である。しかし「しない」だけが大切なのでもない。「しない」でいると、新たな「する」が生じてくる。その新たに生じてくる出来事を大切にしたい。あるいは「する」と「しない」の特殊な両立を大切にしたいと思っているのである。

この特殊な両立において、アートが成り立つ。スキルが「する」であり、スキルから離れることが「しない」であるのに対して、アートは、その両立である。「しない」でいると、新たな「する」が、その時その場に応じて新たに生じてくる。その出来事を、本書は、アートと呼ぶ。

アートは「エッジ」で成り立つ。「スキル」だけでは成り立たないが、「スキル」なしにも成り立たない。スキルから離れてゆく出来事としてのみ成り立つ。それゆえ、アートは一回的である。その時その場においてそのつど生じてくる出来事である。

確かにスキルから離れるのだが、しかしこの「離れる」は、スキルの放棄ではない。スキルを使うこともできるし、使わないこともできる。その自在を「離れる」というのである。

エリッヒ・フロムは「する to do」と「ある to be」を区別した。その区別と重ねてみると、稽古の思想は「する」と「ある」の中間に、「しない」を差し挟んでいたことになる。直接的に「する」から「ある」へと移行しない。一度「しない not to do」を経由する。

稽古の思想は、「する」の内に含まれる「はからい（意図・作為・我の働き）」を警戒する。私たち人間は、そう簡単にその「はからい」から逃れることは出来ない。とすれば、フロムが語る「する」から「ある」への移行の場合、その「はからい」が残ってしまう危険がある。「我のはたらき」を内に含んだ「ある」、あるいは、意図的・作為的に造りだされた「ある」。稽古はそれを嫌う。というより、最も強く警戒する。

そこで、一度「しない」を経由する。「する」の根幹をなす「我のはたらき」を弱め、そこから離れようとする。そして離れようとしている時に、「ある」が、おのずから生じてくることを待つ。「ある」は、「おのずから」来るのであって、造りだすのではない。

稽古は「しない」と「する」から成り立つ。「する」から「しない」へと反転する瞬間、「しない」から「する」が生じてくる瞬間。その瞬間を輝かせるために、「する」と「しない」の両方を大切にする。

# 第3章 「似得る」——世阿弥の知恵（1）

「アート」の知恵を世阿弥は「似得る」と語った。正確には、「似する（真似る・模倣する）」、「似せぬ（離れる・明け渡す）」、「似得る」を区別することによって解き明かそうとした。「似得る」がアートなのである。能は「物まね」から始まった。能の基盤は「物まね芸」であり、「似する（真似る・模倣する）」ことが芸の基本であった（次頁の図4）。

## 「似する（真似る・学ぶ）」

男の役者が女を演じるためには、女のしぐさを真似ることから始める。しかし、ただ漠然と女を真似るのではない。世阿弥は女のしぐさの要点を設定する。山崎正和氏の巧みな

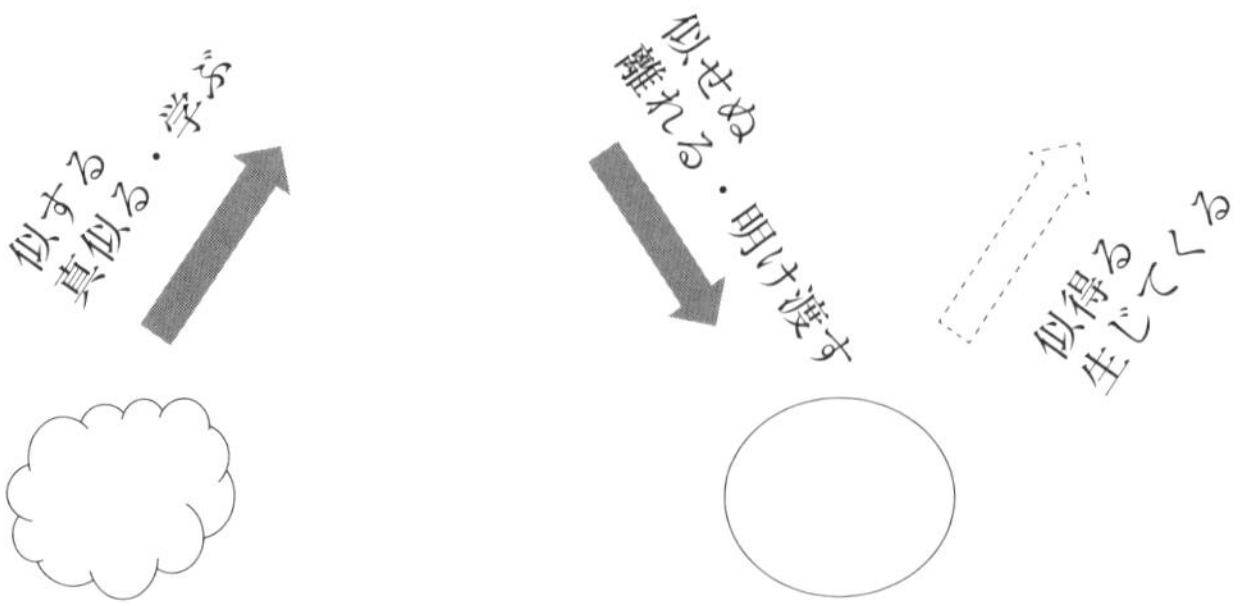


図4

表現に倣えば、「役柄の核心を一息にただ一か所のポイントでとらえようとする」。

女のしぐさの場合は、身心の力を捨て去ることである。世阿弥は「体心捨力（たいしんしゃりき）」という。役者はそのポイントにだけ集中し、その他の特徴については似する必要がない。

ということは、世阿弥の語る「似する」は、実際の女性の振る舞いを再現するということではなかった。あるいは、実際の女性が舞台に登場しても芸の完成にはならない。そうではなくて、演技として、女性の姿を完成させる。男の役者の演技が、観客の目に、完成した女性の姿として映ることが重要になる。

つまり、「似する」は単なる模倣ではなくて、あくまで演技である。意識を外なる対象に向けるのではなくて、むしろ「力を捨てる」という自らの身心の感覚に集中する。

その工夫が「似する」である。

実は（話を先取りすれば）この点が「似得る」の要点にもなっている。「似得る」も対象の模倣ではない。演者が役柄の核心的ポイントに集中していると、そのからだの内から自然に生じてくる出来事である。

しかしその前に「似せぬ（離れる・明け渡す）」が入る。「似する」から直接「似得る」に移ることはない。必ず一度「似せぬ」を通過する。「似する」は反転して「似せぬ」になり、再び反転して「似得る」になる。

## 「似せぬ（離れる・明け渡す）」

では「似せぬ」とはどういうことか。「似せぬ」は意図や作意から離れ、もはや真似ようとしない。しかしそうした放棄が目的ではない。その先に「似得る」という出来事が生じてくることを願っている。

では「似せぬ」は「似得る」に向かうための手段にすぎないのか。この点は世阿弥の語りも微妙である。例えば、「真似る必要がなくなる」という。物まね芸を究め、その役柄に成り切るならば、もはや真似る必要がなくなる（「物まねに似せぬ位あるべし。物まねを究めて、そのものに真に成り入りぬれば、似せんと思ふ心なし」『風姿花伝』「第七別紙口伝」）。「成り入る（その役柄になり切ってしまう）」と、もはや「模倣する」必要がない。あるいは、芸が「うまくいった（成就した）」状態から振り返ってみる時、もはや「真似ようと思う心が働いていなかった」というのである。

別の箇所は、「女性たちは女に似せようなどと思わない」という（「ただ世の常の女も、女に似せんとは思ふべからず」『拾玉得花』第六問答）。

女性は女性を模倣する必要がない。自然に振る舞う。同様に演者も女に似せようなどとしてはならない。作為的に似せようと努めると、実際の女性の姿から離れてしまう。大切なのは、もはや似する必要がないほど役になりきること、「そのものに真に成り入る」ことである。

ではいかにしたら「真に成り入る」ことができるのか。「核心的ポイント」に集中することである。そのポイントに集中することだけ考えていれば、上手に演じようなどという意図は薄れてしまう。

なお、この場合は「自然に離れてゆく」のだが、「苦労して離れてゆく」と語られる時もある。「似する」の地平から、無理やり身を引き剥がすように、離れる努力をする。そして離れていくと、ある時、突然、新たな地平が開けてくるというのである。

## 「似得る（生じてくる）」

では「似得《にう》る」とはどういうことか。女役でいえば、女性が自然に女を生きるように、女に「成り入る」こと。女性の姿を模倣するのでもなく、師匠の芸を模倣するのでもなく、芸をわが物として、自然に「似得る」。

ところが、興味深いことに、能役者において、それは役柄の「一体化（同一化）」を意味しない。もし演者が役柄と一体化し、演者の個性が消滅してしまうなら、「似得る」の芸は誰が演じても同じことになる。しかし実際には違う。違うどころか「似得る」名人こそ、一人ひとり違う。個性が際立つ。ということは「似得る」は演者の消滅を意味するどころか、逆に、演者が「芸の主」になっている（世阿弥は「有主風（うしゅふう）」と呼ぶ。「無主風（むしゅふう）」が芸に巻き込まれ芸に呑まれているのに対して、「有主風」は芸の「主」で「有る」。有主風に至ると、もはや似せようとする心が生じない）。

その時、自然に似ることができる。意識的に対象を模倣するのではない。「成り入る」ことによって自然に似る。役柄を外から模倣するのではなく、役柄を内側から生きる仕方で、あたかも女性が自然に女を生きているように、おのずから「似得る」というのである。

このように、世阿弥は「似する」「似せぬ」「似得る」を三区分した。そして、順に、然るべき経過をたどることによって、一定の結果に落ち着く（成就する）プロセスを語ったのである。

## 「似得る」は「似する」と「似せぬ」をあわせ持つ

さて、このように順を追って語られたプロセスを、最後の「似得る」から振り返ってみれば、「似得る」は、それ以前の二つの段階を内に併せ持つ出来事として理解される。「似する」と「似せぬ」は、そのままでは両立しないのだが、あたかも二つのベクトルを合成して第三のベクトルが生じるように、「似得る」という新しいベクトルが生じる（図5）。

つまり「似せぬ」は、「似する」の打ち消しではなく、むしろ「似する」と緊張関係を持つことによって、新たな動きを生じさせる役目を果たしていることになる。

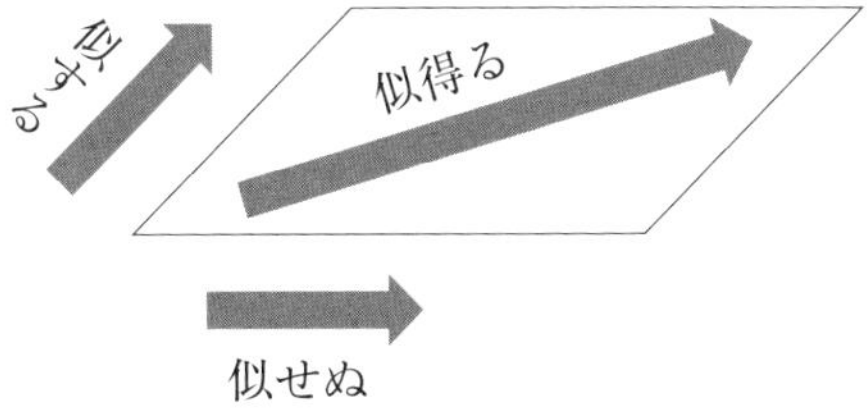


図5

では「似せぬ」は「似得る」に至るための橋渡しにすぎないのか。あるいは、「似得る」と「似する」はいかなる関係にあるのか。章を改めて考えることにする。

その際、手掛かりは「脱学習 unlearn」という言葉である。「似する」を「学習」と一般化する時、「似せぬ」は「脱学習」と考えられる。

章を改めて「学習」と「脱学習」の関係を見てゆくことにする。

## ＊コラム③　行き詰まり

世阿弥の「脱学習（似せぬ）」には、ある種の誇りが見られた。もはや「似する（学習する）」必要がない。あるいは、「似する」ことのできない特別な位相に関わっている。いずれも、ある種の矜持が感じられた。

ところが、脱学習は「行き詰まり」から生じることもある。行き詰まりとは、これまでのやり方が通用しなくなること。マニュアルに沿った仕事が失敗し、これまでのやり方が通用しなくなる。仕方がない、マニュアルから離れ、その時その場に相応しいやり方を模索する。むろん簡単に新たな方策が見つかるわけではないから、試行錯誤が続き、いつ終わるとも知れない暗闇を迷い続けることになる。これも立派な脱学習（あるいはその先の「再—学習」）ということになる。

問題は、こうした暗中模索が、必ず新たな成果を生むかという点である。逆に、もし脱学習を続けた結果、何の成果も出てこなかったら、その試みは単なる失敗ということになるのか。

世阿弥は、もしかすると、仮に何の成果がなくても「脱学習」にはそれ自身で価値があると伝えたかったのではないか。「似せぬ」ことそれ自体に意味がある。たとえそのまま芽が出なくても、それでもよいから「迷い」続け、模索し続ける。それが稽古を続けるということなのではないか。

芽の出ない「似せぬ」にも意味がある。迷い続けていれば、いずれ芽が出る。おのずから、香り始める。

しかしそう語ることによって、私は再び、成果の罠に掛かっている。「おのずから芽が出る」という仕方で、最後には成果が出る、だから意味があると理解する。つまり、稽古を手段にしてしまっている。

そうではない。稽古がそれ自体で意味を持つとは、その成果に左右されないということ。たとえ芽が出なくてもよい。周囲から見たらまるで無駄に見える「似せぬ（脱学習）」も、それ自体で意味がある。迷い続ける「似せぬ」を、それ自体で、大切にする。世阿弥はそう伝えようとしたのではないか。

とはいえ、この問題は複雑であって、本書でも何度か登場する。以下、9章の最後で「観客を惹き込む意図」をめぐって考え直し、12章では、道元の「修証一等」を手掛かりに、「修（修行・稽古）」とその「成果（証・悟り）」の関係について検討することになる。

# 第4章　脱学習 unlearn

世阿弥が「似せぬ」と語った「離れる・手放す・明け渡す」方向。面白いことに、英語には unlearn という言葉がある。「学ぶ learn」に対して「学んだことを忘れる・離れる unlearn」。本書は「脱学習」と呼ぶ。

## 獲得したわざに縛られる

あらためて、最初から見直してみる。学ぶことは大切である。分からなかったことが分かるようになり、出来なかったことが出来るようになる。そうした喜ばしい方向が「学習」である。それは「教育」「発達」などと重なり、知識やわざの習得を目指す営みである。

ところが、稽古の知恵は、そうした喜びの先に目を留める。習得した知識に囚われる危険、あるいは、獲得したわざに縛られる危険である。

思い出すのは、あるピアノの先生の言葉である。「あなたの演奏には楽譜が見える」。正確に弾いているのだが「楽譜」が見えてしまう。流れていない、歌がない。音と音が溶け合うような滑らかな流れを、楽譜が妨げてしまっている。楽譜に縛られているというのである。

楽譜通りに弾くことを目指した練習の先に「楽譜に縛られるな」という言葉が待っている。楽譜通りに弾くために大変な労力を費やし、ようやく楽譜に忠実に演奏できるようになったと思ったら、今度は、楽譜から離れて、のびのび気持ちを表現せよというのである。「わざ」の習得をもう一歩先に進めるためには、今までのように「似する（習得する・学習する）」のではなくて、むしろそこから離れる。楽譜を目指すのではなく、楽譜から離れ、楽譜のことなど忘れて、曲を楽しむ。

あるいは、世阿弥で言えば、単に「忘れる」のではなく、もはや気にする必要がないほど、からだに覚え込ませてしまう。楽譜を目指す練習とは異なる、楽譜から離れからだに染みこませてゆく方向。その方向が「脱学習」、「学習」に対する「脱学習」である。

## 脱学習

さて、そう考えてみれば、「練習」は、習得については注目したが、その先については、あまり語ってこなかったことになる。正確に言えば、練習は、習得プロセスをそのまま延長する仕方で練習の継続を強調したが、習得した「わざ」に「縛られる」という点には警戒しなかった。できるようになる、分かるようになる、すべて望ましいこと。さらに先を目指すべきである。

それに対して、稽古の思想は「わざ」に囚われることを危惧する。「型」に縛られる危険を語り、「守破離」という仕方で「離れる」ことを、稽古プロセスの中に最初から組み込んでおくのである。

興味深いことに、今日の「イノベーション理論」が同型の議論を展開している。既存の技術や理論に囚われていては「イノベーション」が生じない。何らか行き詰まり、一度撤退して最初から模索し直していると、しばしば「偶然」をきっかけに、今までとはまったく異なる地平が開けてくる。この「回り道」のゆとりがないと、「イノベーション」は成り立たないというのである（山口栄一『イノベーション――破壊と共鳴』NTT出版、二〇〇六）。

こうしたプロセスは「パラダイム破壊型イノベーション」と呼ばれる。これまでの「常識的パラダイム」を破壊し、その囚われから離れるというのである。

本書はその方向を「脱学習」とよぶ。そして一度、「学習」と対立的に理解する。その後に、あらためて相互の関連を「二重写し」に見ようとするのである（山口栄一『イノベーションはなぜ途絶えたか』ちくま新書、二〇一六、には、世阿弥の理論との類似が指摘されている。一二一頁以下）。

では「似得る」は、「似する」と何が違うのか。

## 「似する（学習）」と「似得る」

「似得る」もある種の「学び」である。しかし意図的に学ぶのとは違って「成り入る」ことによって自然に学ぶ。奇妙な表現だが、自ら対象に成ってしまうことによって、内側から生きる仕方で、学ぶ。

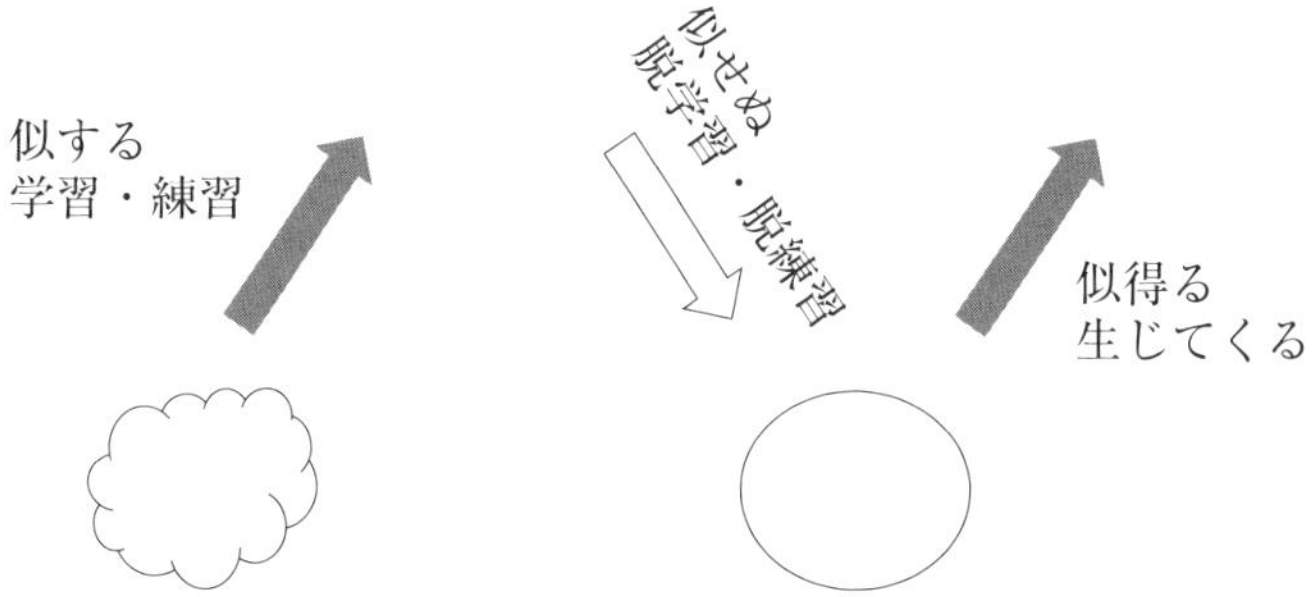


図6

重要なのは、この時「似する」から直接「似得る」が生じることはないという点である。必ず「似せぬ」を経由する。それが世阿弥の教えである。「似得る」は、「似する（学習）」と「似せぬ（脱学習）」というプロセスをたどった後に、はじめて、成り立つことなのである。

「似する（学習）」と「似得る」を、三つのポイントに絞って、対比してみる（図6）。

一、「似得る」は意図的に計画することができない。努力しても生じてこない。むしろ必死に獲得しようと努めると逆効果になる。そこで何らか「力を抜く」必要がある。あるいは、努力を続けていると、ある時、努力した学習とは異なる流れが訪れる。

「似得る」は「似する」なしには成り立たないが、しかしそれだけでは成り立たない。「似得る」は、学習の積み重ねを土台にして初めて成り立つのだが、そのまま学習を続けていても成り立たない。学習から離れてゆくと、学習の質が変わり、もはや学習とは言えない「新しい学び」が生じてくる。

その「学び」は、対象に対して優位に立つことがない。対象を操作し支配するのではない。むしろ対象と一体になる。ということは、自分の方が変わってしまう。自分が変わることによって対象と一体になる。世阿弥が「成り切る」と呼んだ、そのものを内側から生きる姿勢である。

ちなみに、その出来事を、哲学者・西田幾多郎は「物となって考え、物となって行う」と語った。「物となって行う」とは、「物」を対象としないこと。物を自分とは異なるものとして、あちら側に置くことをしない。私が、物を、見るのではない。私と物の区別が消え、私が「物」になってしまう。

「私（主観）」がこちら側に独立することはなく、物と一体になる。例えば、楽器と一体になる。名人は楽器を操作するのではなく、からだごと楽器となって歌う。あるいは、からだごと音楽になってしまう（楽譜に縛られない）。

西田哲学に倣えば、私たちは、その時に初めて「物」の真の姿を知る。「無心」になる時、初めて世界の真相を知ることになる（拙著『無心のダイナミズム』参照）。

## 「似得る」はそのつど生じてくる

二、「似得る」は持続しない。そのつど生じてくる。その時その場を生きる身体が状況とやりとりする中で、そのつど新たに生まれてくる。そして、多くの場合、繰り返すことができない。同じ経験を繰り返そうと計画しても再現できない。意図的な努力によっては生じさせることができないのである。

しかし一度この「学び」を経験すると、毎日の学習の質が変わる。そして、脱学習を、大きなタイムスパンの中で、理解できるようになる。脱学習は単なる学習の拒否ではない。学習の質を変えるきっかけとなる。しかし、だからといって、脱学習は次の学習のための踏み台に過ぎないわけではない（この点は12章で見ることになる）。

## 「似得る」は「似せぬ」を排除しない

三、「似得る」は「似せぬ」を排除しない。むしろ「似得る」は「似せぬ」の中から生じ、あるいは「似せぬ」を包み込んでいる。

「似得る」は、単なる学習ではないのだが、しかし単にその否定でもない。いわば、学習を使うこともできるし、使わないこともできる。その意味で、学習と脱学習を「二重写し」にする。

より正確に言ってみれば、学習と脱学習が、互いに互いを乗り越えあうような緊張関係である。その緊張関係の中で初めて、新たな気づきが、その時その場で生じてくる。既成のスキルに従うのではない。「その時その場を生きるからだ」が、状況とのやりとりの中で（状況からアフォードされる中で）身につける、創発的な学びである。

意識的に学ぶのではない。対象を学ぶのではなく、いわばそのものを内側から生きる仕方で（「成り入る」ことによって）、おのずから生じる。多くの場合、後から振り返ってみた時、自然に身に付いていたと語られる。

おそらく、こうした「学び」は、言語や思想を学ぶ場合にも生じる。例えば、長年フランスで思索を続けた哲学者・森有正が、あるところで、こんなことを語っていた。

外国語を学ぶ時、新しい単語を次々に記憶しても身に付かない。そうではなくて、ある時、一つの単語がからだの中に入り込み、その単語が別の言葉を呼び寄せるように、自己増殖してゆく。そうやってはじめて異国の言葉が身に付いてゆくというのである。

ただしこの話には「学習」が抜けている。森は「似得る」という場面を強調するために、「似する（学習）」を省略して語った。実際には、この「自己増殖」は単語を学ぶという学習を土台として初めて成り立つ。しかしその学習ばかり続けていても、本当の意味で、身に付くことはない。「似する（学習）」とは異なる方向において、この場合は「ひとつの単語がからだの中に入り込む」という出来事によって、初めて、言葉の自己増殖が成り立つというのである。

## 「似する（学習）」が始まる以前

さて、以上の話は、すべて「似する」から始まっていた。では「似する」以前はどうなっていたのか。世阿弥で言えば、「似する」稽古を開始する前の「子どもの身体」の視点である。

ここまでの話においては、その出発点は、あたかも白紙状態であって、その状態に、何か新たなことを付け加えるプロセスばかりが注目されていた。

そして世阿弥も、ある時期までは、そう考えていた。大雑把に言えば、若い頃の世阿弥は子どもの稽古を先に進めることに専念したから、話が分かりやすかったのに対して、ある時期以降の世阿弥は、「子どもの身体の自然な動き（「児姿」）」に注目し始めたため、話が込み入ってきた（図7）。

稽古を開始する以前の「子どもの身体」それ自身に価値がある。そう理解し始めたのである。すると稽古は、白紙状態に何かを加えるだけではない。むしろ「子どもの身体」の魅力を壊さぬよう慎重に稽古するということになる。そこに「型」の知恵が働くことになるのだが、それは次章で見ることにして、ここで簡単に見ておきたいのは、その稽古プロセスの展開である。

「似する」は「子どもの身体」の魅力を壊さぬための慎重な配慮を秘めていた。やみくもに努力するのではない。既に「似する」それ自体が慎重な工夫を持っていたことになる。「子どもの身体」はそれ自体で既に価値がある。しかし稽古は必要である。師のもとで習え、徹底して稽古せよ、用心せよ。そしてその先に「用心に留まっている限り名人とは言えない」と言う。一度意識化した後に、そこから離れる。しかし最初から名人の芸を求めてはならない。

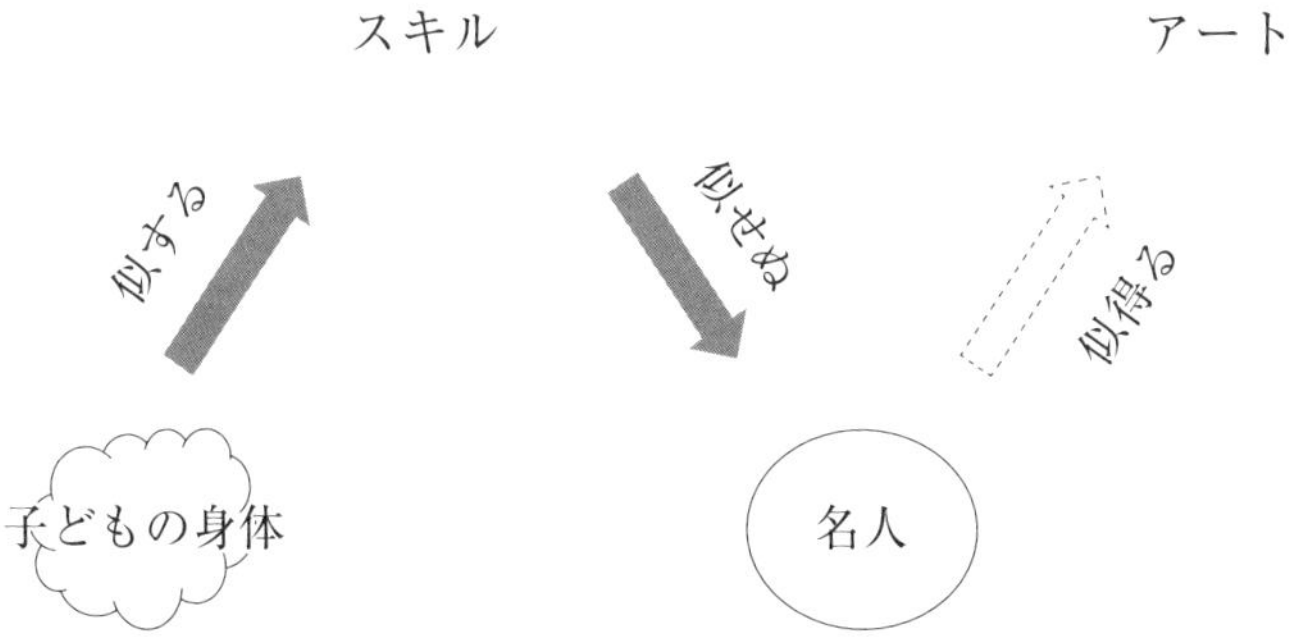


**前期の世阿弥**：子どもの身体を白紙と見た。
「似する」は、新しい「わざ（スキル）」を習うこと。
先に進むことが大切。

**後期の世阿弥**：子どもの身体を、それ自体で価値あるものと見た。
「似する」は、子どもの身体を壊さぬように、慎重になされる。
ただ先に進むのではない。
子どもの身体の魅力を、「わざ」の内に「保存」する。
その保存の工夫が、「型」の知恵である。

図7

ところが、他方において、世阿弥は「戻る」とは言わなかった。稽古を開始する以前の「子どもの身体」に還るのではない。「似せぬ」の先に、再度反転する仕方で、「似得る」を見通す方向で、稽古を考えていたのである（詳細は前掲拙著『世阿弥の稽古哲学』第4章）。

大切なことは直接求めてはいけない。稽古の思想は「回り道」の知恵なのである。

## ＊コラム④ ベイトソンの「学習」

脱学習と関連してベイトソンの学習理論を簡単に見ておく。グレゴリー・ベイトソン（二〇世紀米国の知の巨人）は「学習」をいくつかの位相に区別した。

まず、「ゼロ学習」は、ある刺激に対して一つの反応をする。同じ反応が繰り返されるから変化が生じない。失敗もないから修正もない。機械的な運動は、正確に機能するが、学習はしない。

次に、「学習Ⅰ」は試行錯誤を伴う。複数の選択肢から最適なものを選んでゆく。失敗もするが、それによって最適なものを見つけ出してゆく。ところが、その選択肢は、ある枠の中に限られている。例えば、パソコンで言えば、そのパソコンの持つ機能を最大限に活用するよう工夫するが、ヴァージョンアップした新機種と交換することは想定していない。

「学習Ⅱ」は、新機種に替えてしまう。まったく新しい地平が拓け、選択の幅が立体的に拡大する。それまでのパソコンの機能は多様な選択肢のひとつに過ぎなくなる。その意味では自由になってゆくのだが、ベイトソンによると、こうした新鮮さは持続しない。

それどころか、独善的な現状肯定感につながる危険を持っている。迷った末に自ら選び取った枠組みであればこそ、思い入れが強くなり、自らの正当化を強く意識する。与えられた前提の上に学習する「学習Ⅰ」より、前提それ自体を自ら選び取った「学習Ⅱ」の方が、自己正当性を強く主張するというのである。そこでベイトソンは「学習Ⅱ」のマンネリ化を危惧する。そしてそのマンネリを打ち破るのが「学習Ⅲ」である。

「学習Ⅲ」は、「学習Ⅱ」の世界から離れるとともに、学習する自己からも離れる。「学習Ⅱ」の世界が唯一絶対ではない。しかし別の「学習Ⅱ」へ移行するのではない。「学習Ⅱ」の地平それ自体から離れてしまう。例えば、別のパソコンを探すのではなく、パソコンを使うことから離れてしまう。当然、作業効率は落ち、大きな危機に陥る危険をはらんでいる。その危険を承知で、それでも、次へと移行（飛躍・離脱）する。

ところが、この「学習Ⅲ」もマンネリ化する危険を持つ。ということは、どんな学習も反応が一様に定まってしまったら「ゼロ学習」になるということである。そこでベイトソンは「学習Ⅳ」も「学習Ⅴ」も想定していたという。

さて、こうしたベイトソンの学習理論と重ねてみる時、「脱学習」は、そのすべての移行（飛躍・離脱）プロセスに当てはまる。どこか特定の段階に関係するのではなく、より広く、その次の段階へと移行してゆく出来事一般を指している。

ということは、同じ「脱学習」と言っても、質的に異なる多様な違いを孕んでいるということである。「Ⅰ」から「Ⅱ」への脱学習は、「Ⅱ」から「Ⅲ」への脱学習と質的に異なる。さらには「Ⅲ」からその次へと進む脱学習は、同じ「脱学習」であっても、その具体的内容は質的に異なる。

そう確認したうえで、あらためて、脱学習の原則を確認しておくならば、まず、惰性から離れることである。安定した前提から離れてしまう。そこで、これまでの地平がひとつの選択肢（one of them）になる。より広い選択肢が並ぶ、可能性の広がった地平に出ることになる。

言い換えれば、それまで当然としていた前提が問い直される。自明な前提を問い直し、その背景に焦点を合わせることによって、それまでの前提がひとつの選択肢にすぎなかったことを確認する。ベイトソンに倣えば「論理階型 logical type」が上がる。同一の位相における水平移行ではなく、より抽象度の高い位相へと垂直的に移行する。

ところが、ベイトソンの場合、そうした移行の困難は語られない。あるいは、移行への抵抗が語られない。例えば、「学習Ⅰ」を順調に進んでいる者が、なぜ移行する気になるのか。移行には危険を伴うから、安定を求める限り、移行を促しても、そう簡単には離れる気にならない。そうした、当事者感覚の視点が、ベイトソンの理論には出てこない。ベイトソンその人は常に新たな地平を求める人であったというから、そうした「安定志向・停滞傾向・囚われ傾向」は気にならなかったのかもしれない。

それに対して、稽古の思想は、囚われの根深さを説く。安定にとどまろうとする傾向、あるいは、囚われから離れようとしても、そう簡単には離れることのできない執着の根深さに、繰り返し注意を促す。そして「身体のゼロ地点」に戻ることを説く。それを通して、そのつど、執着を洗い落とす必要を説く。

稽古の思想に倣えば、ベイトソンの「論理階型」を上がるためには、そのつど執着（囚われ・安定志向）から離れる必要があり、そのためには、日々の暮らしをそのつど新鮮にしてゆく工夫が求められることになる（なお、「脱学習」をより広い文脈の中で理解するためには、以下の中川吉晴氏の文章がたいへん参考になる。西平 直＋中川吉晴『ケアの根源を求めて』晃洋書房、二〇一七、二〇二〜二〇九頁）。

# Ⅲ　型と身体

# 第5章　からだ――生きられる身体

稽古は「からだ」を重視する。肉体の訓練ではない。しかし精神修養でもない。では「からだ」とは何か。そして「身心一如」とはどういうことなのか。

## 自分のからだ、からだの自分

本書が語る「からだ」は「自分のからだ」である。他人の身体ではない。人間一般の身体でもない。「自分がからだである」ということを問題にする。

自分がからだである。からだに支えられて生きている。一見、当然に聞こえるこの事実が、しかし、しばしば忘れられている。西洋近代科学の理論地平では、この「からだ」の視点が、理解されにくいのである。

たとえば、医者が患者を診察する。その時、医者は患者という他人の身体を診ている。医者の語る身体は、診察の対象である。そのように、客体（対象）となった身体を、本書は「肉体」と呼ぶ。

それに対して、ここで考えたいのは、患者自身にとっての「からだ」である。歯が痛くてたまらない。その痛んでいる「からだ」を冷静に観察することなどできない。痛くて仕方がない、今まさに痛んでいる「生きられているからだ」である。そうした「からだである自分」が主題なのである。

ということは、たとえ自分のからだであっても、自分で自分を観察する場合は、「からだ」とは言わない。それは「肉体」である。そして、観察しているのは、からだを忘れた観察主体である。観察の対象となった肉体（客体 object）を、からだから離れた自分（身体性をもたない主観 subject）が観察している。

「からだ」は対象にならない。見ることができない。ところが、他方で、見る主観でもない。「からだ」は、対象 object でもないが、主観 subject でもない。そうした地平（主客二元論的な地平）とは異なる位相の出来事なのである。

からだは生きることができるだけである。一人称として体験されるだけである。「自分はからだである」という当たり前のことを、あらためて言葉で語ると、これほど奇妙な表現になるというまさにその事実が、既にこの問題の困難を物語っている。「自分はからだである」と、あらためて自覚することは、私たちの自己理解に大きな変容をもたらす出来事なのである。

試しにもう一度、場面を換えて考え直してみる。今度は、鉄棒の逆上がりを練習する子どもと、それを指導する教師である。教師の視点から見ると「腰の動き」に問題がある。しかしそこで語られる「腰の動き」は、観察された他人の「肉体」の動きである。

それに対して、子ども本人には「腰の動き」が見えない。その子は自分の腰を対象として観察することなどできずに、（奇妙な表現だが）腰を生きている。惨めさや悔しさとともに、なぜできないのか分からないまま、上手に持ち上がらない自分のからだを生きている。そうした「からだである自分」が、稽古の思想が語る「からだ」なのである。

あらためて用語を整理しておく。「肉体」とは、観察の対象となった身体である。人は肉体を観察することは出来るが、肉体を生きることは出来ない。それに対して、「からだ」は観察できない。「自分がからだである」という意味で、からだを生きることが出来るだけである。からだは、対象となったとたん、肉体になってしまう。そして、「身体」という言葉は、「肉体」と「からだ」を含めた、より一般的な意味で用いることにする。

## からだが自然に動く

稽古は「からだ」で行う。からだの動作の反復が、稽古の基本である。そして稽古が進むと、考えなくても、からだが自然に動くようになる。

しかし「からだが自然に動く」とは、自動運動とは違う。オートマチックな条件反射でもなければ、マニュアル通りの惰性的な繰り返しでもない。確かに、実際の稽古の場面においては、惰性的な反復や条件反射的な自動運動になることが多い（そして面白くないと語られる）。しかし、本来稽古が追求している「からだの自然な動き」は、それとは違う。そうした自動運動に留まることがない潜在性を秘めている。

「肉体」と「からだ」の違いで言えば、自動運動が「肉体」の動きであるのに対して、稽古が追求する動きは「からだ」の動きである。

「肉体」は意識と対立する。そして意識は肉体を操作しようとする。初心者はピアノを弾く場合、指の動きを意識し、間違わぬよう指を操作する。意識が肉体（指）を操作しようとする。そして、肉体（指）が意識の期待に沿わない場合、思い通りに弾くことができないと嘆く。つまり、稽古は（最初のうちは）、意識によって肉体をコントロールし、意のままに、肉体が動くことを目指していることになる。

それに対して、「からだ」は、意識と一体である。名人は、自分の指の動きなど意識しない。名人はからだで弾く。頭で考え指を動かすのではなく、名人はからだであり、からだが弾く。あるいは、からだ（指）が音楽の調べに乗って舞う（この「舞う」については、「コラム⑨平常心」参照）。

状況を頭で判断するのではなくて、状況の中にいるからだが、その時その場に最もふさわしく、周囲と響き合う。その時その場に応じて、そのつど、新しく動き始めるということである。

それは、スキルに頼っていてはできないが、スキルなしでもできない。スキルを身に付けたからだが、スキルに縛られることなく自由になる時に初めて可能となる。

そう考えてみれば、その「自由な動き」とは好き勝手な動きではないことになる。自分一人が動きたいように動くのではない。周囲の人やその場の状況のなかで、その時その場にふさわしい仕方で動く。

それを、「からだが自然に動く」という。稽古はそうした「からだ」を求め、型は、そうした「からだ」の土台なのである。

# 第6章　型の稽古——ハプニングに対応する身体を育てる

稽古が目指す舞台（試合）は予測不能なハプニングに満ちている。スキルやマニュアルが通用しない。では、ハプニングに「備える」ためにはどうすればよいか。

予測できないのであれば準備のしようがない。想定外の事態に対して「備える」という言葉は相応しくないのだが、「型」の知恵は、ハプニングに対応する身体を育てようとする。不測の事態においては、その時その場に即して、自在に自分を変えてゆかねばならない。そうした可能性に開かれた身体を育てる知恵が「型」である。型は、ある種の「即興性」を可能にする身体の土台なのである。

## 型の二つのイメージ

「型」という言葉を聴くと、多くの学生は、固く締め付けられた窮屈な枠を連想する。「型に従う」とか「型に縛られた」という言葉の通り、自由な動きを制約する、例えば「鋳型」のような、枠組みである。

ところが、同じ「型」という言葉が、ある場面においては、創造性の土台を意味する。型があるから即興性が可能となり、型が土台となって初めて自在な動きが可能になる。自由でしなやかな動きを根底で支える「基礎・基本・土台」。

それは、型の習得プロセスを、二つの異なる場面に分けて考えてみれば、理解しやすくなる。

まず、型を習い始める場面である。子どもが型を習う時、型は、外在的な規範として、子どもを固く締め付ける。型は子どもの内側からは出てこない。外から（大人から・伝統から）、決まり事として、教え込まれる。型は、子どもの自然な身のこなしの延長上に、自然発生的に成り立つのではなくて、その道を進むためには、ともかく習得しておかねばならない規則なのである。

ところが、そのように「押し付けられた規則」に留まっている限り、子どもが型を身に付けたことにはならない。「型が身に付く」とは、もはや、押し付けられた規則ではなくなること。何度も繰り返すことによって、型が、自分のからだの自然な動きとなり、その動きが自らの内側から自然に生じるように感じられる、ということは、意識されなくなって初めて「型が身に付いた」と語られる。

さて、そのように「型が身に付いた」時、その型は、自然な動きを押しとどめない。むしろ動きを促す。より広がりのある動きを促し、より多様な展開を可能にする。

あるいは、型が身に付いた場合、内側から湧き起る勢いに「のる」ことができる。逆に、型がない場合は、身体から湧き起る勢いに振り回されてしまい、その奔放な勢いを生かすことができない。

型が身に付くとラクになり、型を意識することがなくなる。「練習は覚えるためにするが、稽古は忘れるためにする」と言われるのは、そういうことである。型は、身体の内側から湧き起る勢いに「のる」ための、最も合理的な「からだの理」である。その道の先人たちの知恵の結晶なのである。

ところが、「型に縛られる」という事態が生じる。型が新たな展開にとっては窮屈になる。言い換えれば、今までの型には納まり切らない動きが、内側に育ってきたということである。それまで型によって支えられてきた動きが、それ以上の展開を始め、もはや型の中に納まり切らなくなる時、型が窮屈になり、「型に縛られる」と感じられる。

そこで「型から離れる」という事態を迎える。もはや型に縛られることなく、型から離れ、より自在な境地に進む。ということは、この場合も、型の習得が最終目的ではなかったことになる。型は、その型を超えてゆく可能性を内に秘めて、習得されるのである。

さて、こう理解してみれば、型がなぜ「ハプニングに対応する身体を育てる」知恵であったか少しは見えてくる。型は、からだの内側の動きを促すための土台であり、その道の先人たちが様々な経験を重ねる中で最も基本とした「からだの流れ」である。ハプニングに対応するためには、その型を原点として、そこから動き始めるのがよい。

しかもその型は、新たな動きを開始してゆくためのゼロ地点であるから、動きが混乱する時、そのつど立ち戻るべき原点でもある。あるいはそこから出発することが、最も創造性を豊かに広げる。そうした意味において、「型」は、（その「道」における）最も合理的な「からだの理」と理解されるのである。

## 守破離の「離」

ところで、型の習得に際して、「守破離」という言葉が知られている。型を守り、型を破り、型から離れる。しかし「離れる」とはどういうことか。型を破ったうえで、さらに「離れる」とすれば、もはや型を放棄してしまうということなのか。

実は、この「離」は、型を使うこともできるし、使わないこともできる、いわば、自在に使いこなすという意味である。重要なのは、それまでの型を放棄してしまうのではなく、いつでもその型を使うことができる、しかしそこに縛られるわけではないという点である。

ここは図に沿って見ることにする（次頁の図8）。

子ども（型の未習得者）が型を習う。何度となく繰り返す中で、型を身に付けてゆき、型が身に付いた時、もはや型を意識することはなく、自然な動きとなる。しかしそれは同時に、その型に縛られる危険と抱き合わせである。そこで、型を破るという。その「破る」方向を進んだ先に「離」がある。

次の図（図9・七九頁）では再び反転するベクトルとして示される。それは、「離」の出

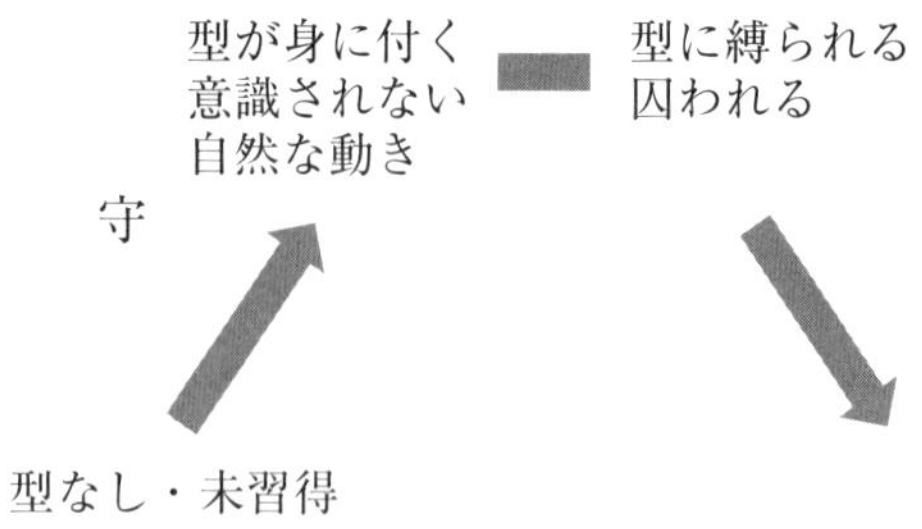


図 8

来事が、型を拒否するだけの方向とは異なることを強調している。型を拒否する方向は、既に「破」として示されている。その「破」の先に生じる「離」は、型を自由に使いこなす。型を使わないこともできるが、使うこともできる。あるいは、あらためて師匠の型に立ち返り、型を、新鮮に味わい直すということがある。あるいは、師匠と対決し、師匠の型から離れ、自分の道を探し求めた結果、師匠の型とのつながりを深く体験し直すということもある。

いずれにせよ、型を放棄してしまうのではなく、使うこともできれば、使わないこともできる。その時その場に応じて、そのつど自在である。

こうした「離」が、ハプニングに対応する身体である。

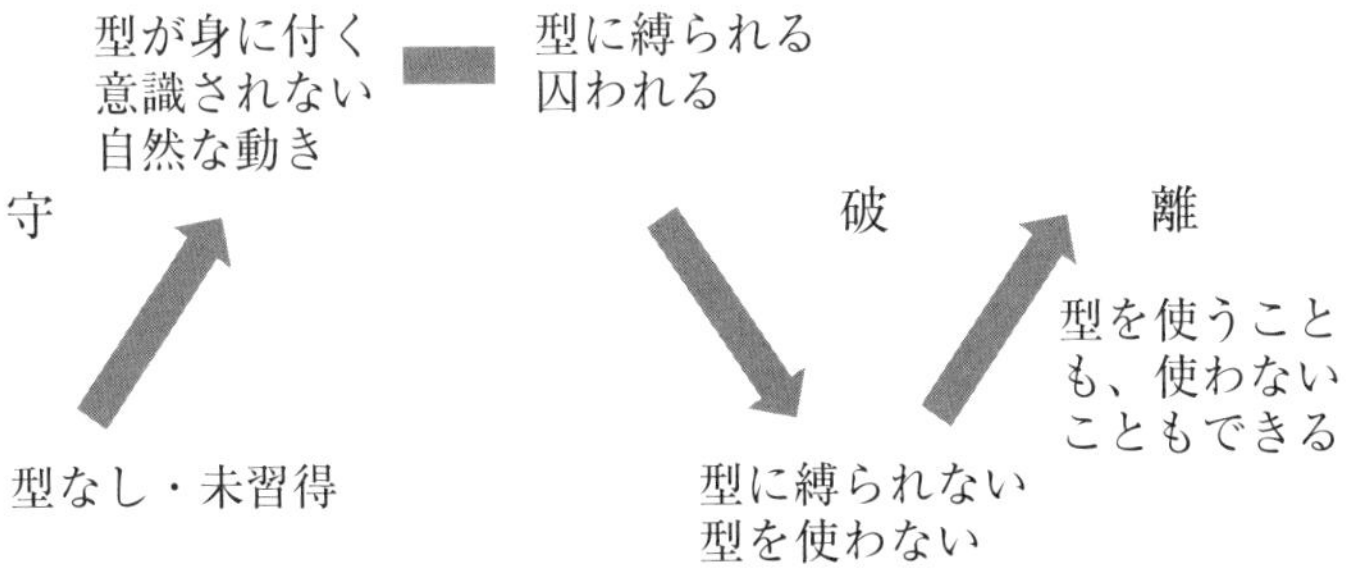


図9

## 「節」には形木があるが「曲」には形木がない

こうした「型」の理解に対して、世阿弥は面白いことを語っている。型がないと習うことができない。ところが能の奥義は型を越えている。したがって能の最も大切な位相は、習うこともできず、教えることもできないというのである。

それは「音曲（謡や鼓）」に関して述べられた箇所である。世阿弥は音曲を「節」と「曲」に区別する。節が「楽譜」になる部分であるのに対して、曲は「楽譜」にならない「趣き（現代の用語でいえば「芸風・作風・色合い・艶《つや》」）」。「節」には型があるから稽古の中で伝達可能であるが、「曲」には型がないから伝達は不可能である。ところが、能の最高の極意は「曲」であるから、最高の極意は教えることも習うことも出来ない。

正確には、世阿弥は「型」という文字を使ったことはなく、「形木」という文字を使うのだが、それは、「あらかじめ決められている枠組み」、あるいは「鋳型」に近い意味である。

「節《ふし》には形木があるが、曲《きょく》には形木がない」。「形木がある」とは、区切ることができ、枠組みに入れて理解することができる、いわば「楽譜にする」ことができるから伝達可能ということである。「節」には形木があるから稽古できる。それに対して、「曲」は形木がないから、師匠から教えてもらうことができず、直接的に稽古することもできない。

では、楽譜にならない「曲」は学ぶことはできないかと言えば、確かにそれ自体を学ぶことはできないのだが、その代わり、節の稽古を極めると、曲は、おのずから、香り出す。楽譜の稽古を極めると、そこに「趣き（芸風・艶）」が、おのずから、香り出すというのである。

むろん（既に見たように）そう簡単に「おのずから香り出す（似得る）」わけではなく、その手前に、何らか「脱学習（似せぬ）」が必要になるのだが、ここで世阿弥が強調しているのは、「おのずから」という点である。意図的に真似るのではない、節の稽古を極め、節に縛られることがなければ、「おのずから」、香り出す。

例えば、名人の芸を習う場合、世阿弥がいう「曲」を意図的に真似ることはできない。その代わり、名人の下で「節」を習う。「節」がそのまま名人の芸ではないのだが、習う時は「節」の稽古を徹底する。そして、節の稽古を極めるとき、おのずから「曲」が香り出てくるのであり、その「曲」が名人の香りを漂わせている。

むろん「節」の場合のように正確な模倣とは違うのだが、しかし、その名人の下で稽古した芸から香り出てくる「曲」には、やはりその名人の香りが漂う。

こうして「曲」は「節」を介して伝達される。あるいは、「節」は「曲」をそのつど新たに生み出す機能を持っていたことになる。

なお、「型」の思想として見るとき、同じ「型」でも、節を強調して「型」と呼ぶ場合と、「節と曲との関連全体」を「型」と呼ぶ場合に分かれる。前者は「節」の区切りや固定性（あらかじめ決められた鋳型）を強調するのに対して、後者は「節」を介して「曲」が生まれ出てくる創造的なプロセス全体を強調したことになる（しかも芸道・武道などジャンルにより用語法が多様であるため、整理されないまま、用語法が混乱していることになる）。

# 第7章　身心一如

稽古は「わざ」を身に付ける場である。それは単なる肉体の訓練ではない。心が問われる。心を込め、心を磨き、邪心を離れ、無心になることが求められる。しかし精神論ではない。やはり「わざ」が大切であり、その意味では、徹底して身体の稽古である。

## 「身」と「心」

では、「身」と「心」はいかなる関係にあるのか。稽古の場では、時に「身心一如（しんじんいちにょ）」と語られる。その思想的源流は禅であり、とりわけ、道元禅師（一二〇〇—一二五三）の思想が注目される。

その思想に立ち返り、その身体観を確認することはできないか。そう願って道元の書を紐解こうとしたとたん、私たちは跳ね飛ばされてしまう。頭だけで分かろうとするな、言葉だけで分かった気になるな、自分の全生活をかけて追求せよ。

身も心も、知力も気力も体力も、そのすべてを賭けて、身心一如を体験するのでなければ、いくら頭で分かっても仕方がない。禅が目指すところを見誤ることになるというのである。

文字通り、身がすくむ思いがするのだが、しかし考えてみれば、それは禅に限らない。体験することなしに理解は可能かという問題は、教育の根幹に関わる問題であると同時に、「わかる」ということの根本問題でもある。禅はこの点を最も徹底する。自ら「身心一如」になることなくして、「身心一如」を理解することはできない。そう繰り返すのである。

では、どの地点までは言葉で理解することが可能か。とにかく言葉を手掛かりとして、注意深く、行けるところまで行ってみる。「喝」と打ちのめされるまで、話を聴いてみるということである。

## 「身」を重視し、「我」を離れる

道元は繰り返し「身」の重要性を説いた（道元の語る「身」は、先に見た用語法の区別、第5章で言えば「からだ」に対応するが、ここでは最も広い意味で「身体」と理解して話を聴くことにする）。修行とは身体を調えることである。心によって身体を支配するのではない。まず身体のあり方を調え、それを通して、心のあり方を調えてゆく。

禅の修行は、一般的に理解されているような、心の修行ではない。精神力を鍛えることが直接の目標ではなくて、まず身体を一定の「形・作法」に入れてゆく。立ち居振る舞いの身体作法こそ、最も大切だと言うのである。

そこで、禅院における生活の身体作法が事細かに規定される。洗面・食事・清掃・用便、そのすべてにおいて、正しい身の用い方が規則（「清規《しんぎ》」）として設定される。その作法に従って身体の動作を調え、日常生活のすべてを正しく調える。それが修行者の課題になる。

むろん、最も重要なのが、坐禅という身体作法である。身を正し、呼吸を整え、無念無想を求める。しかし修行者にとっては、何よりもまず両足を組むという、ひとつの身体作法（結跏趺坐《けっかふざ》）の中に、我が身を入れることである。

なぜそれほど身体を重視するのか。それは、自分が自分の身体を所有していると思いこんでいる修行者の傲慢を打ち砕くためである。

私たちは、ふつう、自分が「自分の身体」を所有していると考えている。自分で自分の身体をコントロールする。そう思いこんでいる時の、コントロールする自分は、身体ではない（「生きられたからだ」ではない）。身体から影響されることのない、一方的に、身体をコントロールする主人である。自分の身体を利用する主体 subject。禅はその主体を「我《が》」と呼ぶ。そして、そうした我の傲慢に囚われている限り、悟りに近づくことは出来ないと言うのである。

「我」は身体から独立している（独立したつもりになっている）。実際には、身体に支えられて初めて成り立っているにもかかわらず、その事実を忘れている。のみならず、その身体を、意のままに利用できると思い込んでいる。そして精神の優位を説く。身体に対する精神の優位である。まさにそうした「我」を中心とした考え方を放棄しなくてはならない。

そのために、身体を坐禅という形に入れてゆく。それは「我」の立場からすれば、自らの優位を身体に明け渡してしまうことである。身体の形を優先させてしまうこと、それによって「我」を弱める。「我」から離れて「からだ」になる。「我」が自分の肉体に坐禅させるのではない。からだが坐禅する。「我」もなく「肉体」もない。坐る（坐禅する）という「からだ」になってしまう。そのからだを「身心一如」と呼ぶ。

## 「我」から離れる

大切な点であるので、もう一度、別の場面を見ておく。修行の要点を説いた『学道用心集』の中で、道元は、この「我」と「法（仏法、仏の真理）」との関係を二つに区別している。

ひとつは、「我、法を転ずる」（「転ずる」とは動かす、コントロールする）。つまり、「我」が「法（仏法）」をコントロールするという、「我」中心の態度である。「法」を自分の力で理解し、自分のために利用しようとする。あくまで主体は「我」である。

それに対して、もうひとつは「法、我を転ずる」。この場合は「法」が主体である。「法」が「我」に現れ、「我」を支配する。しかしそのためには、まず「我」を放棄しなければならない。「我」から離れ「我」を捨てる時、はじめて「法」が、修行者の身に顕れる。

では、いかにして「我」から離れることができるか。身体動作の形に入り込むことによってである。坐禅という身体作法に、身も心も、全身心のすべてを投げ入れる。すべてを投げ入れることによって、考えるとか心配するといった「我」の作用を弱める。意識の作用を鎮めてしまう。

しかしそれは、「我」が身体に回収され、身体が優位に立つということではない。身体に回収されるのではなくて「からだ」になる。「我」もからだになり、「身体」もからだになる。心身ともに、からだになる。「からだである自分」、つまり身心一如になる。

こうして道元は、徹底して「からだ」を重視した。「からだ」は、身でもなく、心でもない。身と心とを分けて考える二元論とは異なる地平である。身でもなく心でもない「からだである自分」が、ひたすら坐禅に徹し、日常生活のすべてを、からだとして生きる。

稽古もこの「からだ」を求める。例えば、弓を引く。意識（我）が腕（肉体）をコントロールするのではない。その意識する「我」から離れようとする。同時に、腕からも離れようとする。腕もなく我もなく、「からだ」が、無心に、弓を引いている。その身心一如となった「からだ」を目指している。

あるいは、書道においては、我が筆を取り手を操作して書くのではない。身心一如の「からだ」が無心に書く。あるいは、古来より語られてきた境地、「筆、おのずから動く」。私が書くのではない、筆が、私のからだを通して、自然に動く。稽古は、そこを目指していることになる。

## 「身心一如」と「身心脱落」

さて、以上のように理解したうえで、あらためて、道元のテクストに戻ってみる。実は、道元は「身心一如」とは語らなかった。「身心一如」と語る代わりに、「身心脱落《しんしんだつらく》」（「身心をして脱落せしむる」）という言葉を使っていたのである（正式には「しんじんとつらく」）。身も心も消える。身と心がひとつになるのではない。身も心も消してしまう。身も心も、一切の束縛から解き放たれて、自在の境地になると言うのである。

実は、稽古が求める「からだ」を「身心一如」と理解することは、間違いではないのだが、しかし、注意が必要である。

「心（意識）」と「身（肉体）」とが「一如（ひとつになる）」。意識と肉体とが同じ一つの動きとなる。そう理解される時、意識は意識のまま残り、肉体は肉体のまま残り、その両者が合体するかのように誤解されてしまう危険がある。

そしてその延長上に、「意識が完全に肉体をコントロールすることができた状態」という理解になる。意識を中心にしたまま、「身心一如」を「自分の肉体を操作する」方向の理想的極限と理解してしまったら、それは危険なことである。

ここは、二段階に整理してみる。

まず、「身心一如」においては、意識が意識のまま残ることはない。日本の伝統は「無心」と呼ぶ。心（意識）は、通常の心としては、機能しなくなる。通常は、「心（意識）」が自分の肉体を操作する主人であるのに対して、「無心」は、その役割を放棄してしまう。自分の肉体を操作する主人（支配主体・管理主体）の地位を明け渡してしまうのである。

すると、肉体が優位に立つように思われる。意識の優位に対して、肉体が優位になる。それが注意すべき誤解の第二点である。「身心一如」は、肉体の優位ではない。意識の優位でもないが、肉体の優位でもない。「身心一如」においては、肉体も肉体のまま残ることはない。

道元が語った「身心脱落」である。「心」も「身」も「脱落する（変容する・機能を放棄する)」。意識も肉体も通常の機能を放棄してしまい、もはや意識も肉体も無くなってしまったかのように感じられる。

さてここで、心(意識)に関しては「無心 no-mind」という言葉が使われてきたのに対して、身(肉体)に関しては、それに対応する言葉がない。そこで私はある時、欧米の方々に説明する際に、「無体 no-body」という言葉を使ったことがある。心が「無心 no-mind」になるように、身は「無体 no-body」になる。

日本語の場合には「無体」という言葉はないから、まったく奇妙に聞こえるのだが、英語の場合、no-body には「誰でもない」「誰も…しない」という意味があるためか、それほど違和感なく理解されたようである。私の肉体が坐禅するのではない、no-body が坐禅している。

そう理解してみれば、道元の「身心脱落」は、「無心にして無体 no-mind and no-body」と理解することができる。そして「身心一如」とは、この「身心脱落」を通して成り立つ「無心にして無体」の「一如」であったことになる。

身心一如は、心と身の一致ではない。心は「無心」になり、身は「無体」になることによって初めて生じる「無心と無体の一如」である。

## 身体のゼロポイント

こうした「無心にして無体」の境地を、本書は「身体のゼロポイント」と呼ぶ。稽古は人を「身体のゼロポイント」に連れ戻す。

まず、「ゼロポイント」は偏りがなく歪みがない。透明である。その透明なゼロポイントから、その時その場に応じて、そのつど新しく動き出してゆく。

そのために、稽古は人を透明にする。そのつど新しく動き出してゆくために、その出発点を透明にしておく。歪みを治し、偏りを戻し、身体の重心を確認する。

こうした話に、ある学生は「ゼロクリア」という言葉を連想した。一度、ゼロに戻す。しかし、人の身体の場合、機械のようにクリックひとつでゼロに戻ることはできない。むしろ、ゼロに戻るためには、繊細な工夫と繰り返しの努力が要る。稽古はそのための先人たちの知恵の集積なのである。

次に、稽古が人を透明なゼロポイントに連れ戻すとは、稽古が「欲」を濾過するということである。欲を濾過する、あるいは、我が身を濾過する。日々の暮らしの中で様々な欲を湧き起こす我が身を、稽古によって、濾過する。

しかし濾過された「透明」な身体は、皆、均一になるというわけではない。むしろ、その人自身になる。稽古は、欲を濾過することによって、その人らしくする。その意味では、透明とは、「その人らしい透明」ということであり、人それぞれ、微妙に違う。

その上で、第三に、「無心にして無体」の透明において、何かが顕れ出てくる。ここでは、その顕れ出てくる「何か」を、「場の全体エネルギー」と呼んでおく。例えば、舞台におけるパフォーマンスでいえば、共に舞台に立つ共演者たちを含み、観客を含み、その会場の雰囲気全体を含むような「場の全体エネルギー」。

舞台に立つ身体が透明であればあるほど、この「場の全体エネルギー」が、そのまま顕れてくる。それは役者（パフォーマー）の立場から言えば、観客と一体になっていると感じられる。あるいは、会場の雰囲気に後押しされるように、からだが自然に動くと感じられたりする。

いずれにせよ、重要なのは、「私」が演じるのではなく、何らか外側からの力によって「おのずから動いた」という点である。みずから意図的に演じるのではなく、おのずから、からだ（無体 no-body）が、周りの動きと響き合う。あるいは、「みずから」と「おのずから」との不思議な一致が体験される。

そうした「顕現」の出来事が成り立つために、稽古は、人を透明なゼロポイントに連れ戻す。むろん、透明になったからといって常に「顕現」が生じるとは限らない。「顕現」の出来事は、あくまで、あちらから来るのであって、こちらから造りだすことはできない。しかし、そうした出来事を招き寄せるための最もふさわしい準備として、先人たちが残した知恵の集積、それが稽古の思想であったことになる。

## からだである自分

私たちは、からだである。からだに支えられて生きている。一見、当たり前に聞こえるこの事実を、私たちは忘れて生きている。自分がからだであることを忘れ、からだに支えられていることを忘れて生きている。そして、からだを所有し、からだを酷使し、自分の力で生きていると思い込んでいる。そうした思い上がりに対する警告。「自分がからだである」という自覚は、私たちに、根本的な転換をもたらす出来事である。

ところが、見て来たように、からだを自覚することは、簡単なことではない。私たちは、自分のからだを認識することが出来ない。認識の対象となったとたん、からだは肉体になってしまう。そして、肉体は認識できても、からだは認識できないのである。

その代わり、私たちは、からだになることが出来る。自分がからだとなり、自分がからだとして生きることが出来る。その「からだとなる」ための工夫（知恵の集積・身体技法）が、坐禅であり、整体であり、今日多様な形で展開されているボディーワークである。

からだの自覚は、単なる肉体の出来事には留まらない。精神的な転換になる。実存的な転換になる。自己変革の出来事になる。

からだになるとは、自分が変わることである。からだによって支えられ、生かされていることを実感する。自分が身体（肉体）を持つのではない。身体（からだ）に支えられて生きている。生かされている。そうした根本的な転換なのである。

## ＊コラム⑤　身体教育

教育の領域で、「身体」と関わるのは、どの分野か。体育か、スポーツか、あるいは、解剖学や生理学ということになるのか。

では、稽古の話はどこに登場するか。実は、稽古の話は「教育研究」の中では居心地が悪い。明治以降の「教育」はもっぱら近代学校システムを論じてきたから、稽古の話は過去の遺物となる。他方、文学研究の中で、例えば「芸論」が論じられる場合には、実際の稽古の現場が登場しない。稽古と練習の違いといった疑問は登場しないのである。

そうした中で「身体教育」という言葉をタイトルにした貴重な試みがある。樋口聡『身体教育の思想』（勁草書房、二〇〇五年）。

樋口氏によれば、この「身体」は「人間存在のあり方を表示する哲学用語」である。しかし「身」とは違う。「身」は生きることができるだけであり、それについて語ることはできない。それに対して「身体」は語りうる、というよりこの言葉は、始めから自己言及的に「語られた身体」である。最初に「生きられた身体」があるのではなくて、「身体」という言葉を使った時点で、既に始めから「身体論」である。

つまり、「身体」という言葉は、「身体を論ずるメタ的視点を生成し、身体について語ることを可能にする」用語であり（三〇頁）、その言葉を使うことによって、「われわれの感覚的受容の自己反省的な気づきの問題」が初めて成り立つ（一五五頁）。

ということは、この「身体」という言葉は、はじめから二面戦を強いられていることになる。一方では、西欧近代の「肉体（解剖学・生理学）」と対峙し、他方では、伝統的東洋思想の「身」と対峙する。その両側面からの批判に耐えながら、この本は、大きな構図を描き出す。骨太の枠組みを提示するデッサンであり、異なる素材を生かしたエチュードということになる。

しかし意図するところは明解である。「教科であることを止めた、教育の基底としての身体教育」を構想してみること。「すべての教科の基底にあって、様々な出来事を経験たらしめる身体の教育」。それは、教育研究の中では、体育を「生きられた身体」と結びつけた矢野智司氏の試みと共通し、道徳教育を根底から解き放とうとする松下良平氏の試みとも通底する（二一〇頁）。あるいは、「ホリスティック」なものの見方とつながるという（一六〇頁）。

そして、その「基底」である地平を、樋口氏は「感性教育（aesthetic education）」と呼ぶ。むろん「美学」との関係を洗い出し「美的教育」「芸術教育」との関連を吟味した上で提示された、仕掛けとしての言葉である。

重要なのは、「すべての教育の基底」という点である。この「感性教育」は、各教科へと分節化する以前の、その基底にある、分節されざる地平なのである。教育という営みの「無分節」の位相。音楽・英語・道徳・体育……と区切られ、それぞれに独立した（分節化された）教科になる「以前」の、分節される前の、それらの基底にある、流体的地平。

念のために付け加えるのだが、この根底の地平は、各教科を相互に関連させてゆくこととは違う。体育と音楽とが協力し合うのではなくて、体育と音楽とに分かれる「以前」の、初発の地平である。「教育という作用が人々の身体に及んでゆく事態の、そのあり様」（七頁）。その地平から、身体教育を読み直そうというのである。

もちろん、そうした（無分節の）地平を言葉で語るという時点で、難問山積。その地平を言葉に押し込めて「命名する」ことそれ自体に異論が生じ、まして学校教育という分節化を根本原理とした教育システムの中で「分節化されざる地平」を語ることの困難まで思うと、大変なことになる。「近代学校の効率的なマネイジメント」を旨とした近代教育学からは、かなり遠いところで、孤独な仕事を覚悟しなければならない。

「体育」との境界線に立って、この孤独な仕事を引き受ける。「体育」という教科固有の問題を切り口として、分節される以前の流動体へと潜り込み、そこから再び浮かび上がりながら、その流れの感性をもって「体育」という枠組みを溶かしてゆく。

それは、いわば「職人芸」である。そして「職人」にとっては、流れがいのちになる。自分自身が流れていなければ、初発の流動体へと潜り込めない。そこでこうした「職人」は日々自らを溶かし続ける。自分の言葉を溶かし、わが身のコワバリを溶かそうとする。しかし同時に、固める仕事も引き受け、言葉にする仕事も引き受けようとする。引き受けながら、しかし自分の言葉を何度も否定する。否定しながら、透明な流れのままの感性を、言葉の内に流し込もうとする。

そうした流れを生きながら、教育の枠組みを少しずつ溶かしてくれる「職人（アーティスト）」。個々の教科の内側から、その枠組みを食い破る仕方で、区切られる以前の流動体を解き放ち、そこから湧きでる流れにのって、個々の教科を読み直してくれる職人たちが、求められているように思われる。

（「図書紹介」『教育学研究』第73巻、第三号、二〇〇六年九月、を改稿）

# Ⅳ　身体知と特殊な二重性（二重の見）

# 第8章　フローとゾーン

稽古の中で育まれてきた知恵は、広くパフォーマンスに関わる音楽・演劇・スポーツなどの領域でも語られてきた。例えば、そのパフォーマンスの最高の状態は、若者たちに馴染みの言葉で言えば、「フロー」や「ゾーン」となる。

## フローとゾーン

ハンガリー出身の米国の心理学者ミハイ・チクセントミハイが語る「フロー flow」は、自分に疑いを持つことがなく、反省的にならずに、心地よく行為と意識が融合し、流れるように体験される。

自分から始めるというより、与えられる、あちらからやってくる。あるいは、気がついたらすでにその中にいた。例えば、息が合い、いい感じで響き合っているうちに、あたかも、運ばれてゆくように、フローの流れに乗っている。

ドイツの美学者オスカー・ベッカーは「運ばれているGetragenheit」感覚という。自分から選択して開始するのではない。周囲とのつながりの中で、ごく自然に動き出し、運ばれているかのように、自然に流れてゆく。途切れたり区切られたりすることがなく、滑らかに事態が展開してゆく。

その流れに「のる」（学生たちはしばしばカタカナで「ノル」と書く）。ジャズサークルの学生は、「のった」時のセッションについて、周りと同じ波動の中にいるから、こちらはこちらで思い通りに流れてゆくと、自然と周りと合うという。さらに、多少合わないことがあっても、それすら心地よい「弾み」のように感じられると言い、そうなると、もはや怖いものがないと言う（世阿弥で言えば「是も非も美しい」、あるいは、名人の舞は「非を是に化かす」魅力がある）。

ところが、ある時、この「のる」に関連して、波乗りの話になり、サーファーと波との間の「バランス」が議論になった。バランスをとっているようにも見えるのだが、実際には、極めて危うい拮抗である。波の側は（良い波であればあるほど）サーファーを跳ね飛ばす勢いを増してゆき、それに対して、サーファーは微妙に調整しながら、（優れたサーファーであればあるだけ）その波の「エッジ」に身を置く。跳ね飛ばされる寸前に身を置き続けようとする。

その限界ギリギリの波の表面で、かろうじて拮抗を保つ、切れ味の鋭い「のる」感覚は、「フロー」とは少し違う。危険と抱き合わせであるとともに、そこには多分に、人間の側の技術が要求される。

本書はその感覚を「ゾーン zone」と呼ぶ。「ゾーン」の方がより特別な出来事であり、「フロー」の方が日常的な普通の感覚に近いという理解である。

「ゾーン」は、特別なわざの極限において体験される。そこで体験される拮抗関係は、普通の人には耐えられない強烈な葛藤を秘めているのだが、稽古を積み、鍛え抜かれた心身にとっては、その葛藤がすべて自らを「持ち上げる」勢いとなる。いわば、跳ね飛ばされる寸前の、その極限において体験される、大波のエッジに身をおく感覚。ゾーンに入ると、アスリートたちは、そうしたギリギリの状態の中で、しかし余計な力が入らず、流れるようにタイミングが合うというのである。

## タイミング

さて、この「タイミング」という言葉に目を留めてみる。日本語では適切に対応する言葉がないから、カタカナのまま定着し、もはやこのカタカナ以外の日本語では不自然に感じられる。しかし稽古の思想を辿ってみると、例えば、「機」や「時機」という言葉があり、「拍子」という言葉もある。

世阿弥が「機」という時、それは「タイミング」を含みはするが、それだけではない。例えば、能の主役（シテ）が最初の声を出す「一声（いっせい）」に際して、「機に合わせて」謡い出すと語られる時、それは、楽器に合わせて歌い始めるタイミングであると同時に、歌い出す時の声の調子（声の高さ）でもある。機は「声の調子」も決める。「機」は、「息」であり「息遣い」なのである。

能は「息」の芸術である。例えば、能には「息を詰める」という言葉があり、息の詰め方によって舞台上の時間が変わるという。あるいは、息の詰め方ひとつで曲全体の色合いが変わってしまう。もしくは、能における「舞」が「息の身体表現」と語られる。「息」

を身体表現によって観客の目に見える形にしたのが「舞」である。むろんその場合の「息」は、生理的な呼吸だけではなく、「気持ち」が含まれ、曲全体を流れる「趣《おもむ》き」が含まれている。世阿弥はそれらをすべて含めて「機」と呼ぶ。

そこから見る時、「タイミング」は、何らか息が合うという出来事と関係するとしても、「機」という言葉で捉えていた広がりからすると、特別な「時間的瞬間」というポイントに話を限定していたことになる。

その意味では、「拍子」という言葉も近い。鈴木大拙があるところで、この「拍子」という漢字に「はずみ」とルビを振って用いていた（「拍子《はずみ》」）。文字通り、ある拍子に、弾みがついて、事態が動き出す、その特別な時間的転換点である。

そう思ってみれば、「タイミング」という言葉も「はずみ」の意味をもつ。絶妙なタイミングで連絡がきたと言えば、弾みがついて事態が好転する特別な転換点を意味する。逆に、タイミングが悪い場合は、「間が悪い」という。都合が悪い、時機が悪いなど、流れを曇らせ、動きを留めてしまう。

稽古は、そうした「タイミング」を見る目を育てる。正確には（ジャンルによって異なるのだろうが）、「タイミングを見る目」を直接に育てようとするのではなく、「場の流れ全体」を見る目を育てる中で、間接的に、「タイミング」の感受性を高めてゆく。

## 特別な意識状態

ところで、フローやゾーンと語られる状態においては、しばしば通常とは異なる特別な「意識状態」が報告される。例えば、「クリアに見える」、「視野が広くなる」など、視覚に関連した報告がある。

おそらくそれは、何らか「全体」と関係する。例えば、「場の流れの全体」。しかも、空間的な「全体」と時間的な「全体」がある。

まず、空間的な「全体」が見えるという場合、意識が一点に留まることなく、流れるように全体を見渡している。全方位的に三六〇度、流れるように見ると語られる場合もあれば、天井の一角から見下ろすように「全体」を見る場合もある。

江戸期の禅僧・沢庵和尚は、「無心の心」を、心が一か所に止まることなく流れ続け、全身にのびやかに広がってゆく働きと書いたが（『不動智神妙録』）、まさにその感覚である。

その際、重要なのは、「見ている自分自身」もその視界に含まれるという点である。自分も含めた全体であり、見ている自分を含んだ場の全体の流れを「見て」いる。

チームプレーの場合は、全体のフォーメーションの移りゆきを見ている。しかもその中でプレイしている自分の動きも含めて、クリアに見る。全員の動きが見える、あるいは、共通の音楽が流れていて全員がそれに乗って動くと語られる場合もある。

あるいは、「内部観測」という言葉を使ってみれば、チーム全体の流れを、フィールドの中にいる当事者として、内側から観測し、しかも自分自身も含めた全体を観測している。ということは、プレイすることによって流れを動かしながら、その全体の流れを観測するという意味で、観測とプレイが特殊な仕方で重なり合うことになる。

もう一点、「時間的」な全体も体験されている。例えば、舞台芸術の場合、話の前後の連続性が、なだらかな持続をもって体験される。あるいは、常に、その時間的な全体が見えており、今この場面が、その全体のどこに位置するのか、クリアになっている。

それは、全体の流れの中に個々の場面が埋もれてしまうという意味ではない。むしろ、一回きりの「今この場面」がそれぞれ際立ち、鮮明に体験される。では、場面ごとに区切られてしまうかと言えば、むしろ、なだらかな持続の中で、常にその舞台の初めから終わりまでが、ひとまとまりの全体として、クリアに見えている。

そうした特殊な意識状態を「場の全体の流れが見えている」と理解した上で、世阿弥の「離見の見」の話を聴くことにする。「離見の見」も、最終的には「場の全体の流れ」を見る。しかし、そこに至るまでのプロセスに注目し、その状態を「招き寄せるため」の工夫を語る。正確には、「やってくる」しかない状態を招き寄せようとする、矛盾を秘めた課題に対する、世阿弥の知恵の結晶である。

## ＊コラム⑥　わざ言語

「わざ」を言葉にする。繊細なわざの微妙な体感を言葉にする。本当は言葉にならないのだが、それでも、必要に迫られ、言葉にする。

そうした問題に正面から取り組んだ貴重な研究がある。生田久美子・北村勝朗編『わざ言語――感覚の共有を通しての「学び」へ』（慶應義塾大学出版会、二〇一一年）。

例えば、ぬかるんだ道を歩く。「足がゆっくり沈んでスポンと抜けるような」感覚。ぬるっとしているのだが、でもスポンと抜けた、そうした、からだに覚えのある感覚を、言葉にして、弟子たちに与える。創作和太鼓作曲家・佐藤三昭氏と若手研究者・川口陽徳氏との対話の中に登場する場面である。

「平準的正確さ」ではない「不正確なゆらぎの正確さ」。「学ぶ者自身が自分に向き合うことを余儀なくされる言葉」。わざの世界におけるこうした身体感覚は、いくら説明されても仕方がない、自分で納得するしかない。自分の内側から言葉を探り当てて、自分で納得するしかない。

面白いのは、スピードスケートの小平奈緒選手を指導した結城匡啓氏の語りである

（聴き手は、永山貴洋氏）。結城氏は、なめらかな滑りを、氷の上にスケートを「はりつけておく」という言葉に託して伝えていた。三年も四年もその「はりつけ」という言葉でピンときていた小平選手が、ある時、「〈はりつけ〉ではなくて、先生、〈はりつかれ〉ですね」と言い出した。自分でやっているのではない。「何かにスケートが力を受けてはりつけられる感じ」。「受動的な感覚」と言いだしたというのである（三一九頁）。

むろん、「受動的」という点が重要なのだが、今ここで目を止めたいのは、「その人固有の心地よさ」を自分で探り当ててゆくという点である。その人自身が、身体の内側で、「心地よさ」を探り当てる。と同時に言葉を紡ぎだす。あるいは、言葉を探り当てることと、からだの感覚を確かめることが、同じ一つの営みになっている。

陸上競技・浅原宣治氏の「感覚ノート」はまさにその結晶である。「自分の勘を頼りに自分に合った感覚を探してゆく」。「分からない状態から少しずつ少しずつ感覚を自分で体得してゆく」。そうした手探り状態を、「外から見える動きと内部から感じる動きが一致してゆく」プロセスともいう（二八五頁他）。

もちろんトップアスリートの鮮烈な経験の中で語られる話であって、その詳細は、直接この本をご覧いただくしかないのだが、しかしそれでは、まったく特殊な一事例にすぎないかといえば、やはりそういうわけではなくて、陸上競技には無縁の私にも、身に沁みて伝わってくる。言葉を通して伝わってくる。

その意味ではこの共同研究は、徹底して、言葉の研究である。むろん話の焦点は、感覚であり、からだの感覚によって言葉が崩されてゆく出来事にあるのだが、しかし同時に、からだの感覚から「ことば」が生れ出てくる瞬間を浮き彫りにする。あるいは、「言葉になりえない位相」を言葉によって浮かび上がらせる。正確には、「わざの継承」の現場で、「言葉になりえない位相」が、いかなる仕方で言葉のうちに顕れるか、その生成の出来事を、現場を共有しない者とも分かち合おうとする試みなのである。

そう思ってみれば、次のような言葉は、私たちが執筆の現場で、切ないほど感じることではないか。「ひらめくためには、ひらめくための準備が必要」(三一二頁)。そして、「ある日、突然、わかる」。ひらめきは、突然、来る。しかしそのためには準備が必要である。「わからなさ」と付き合い続ける必要がある。しかも付き合い続けていれば必ず「ひらめき」が到来するという保証はない。保証はないまま、それでも「わからなさ」と付き合い続けることができるかどうか。アスリートたちも、舞台の役者たちも、そして研究者たちも、「道」を歩んでいるのだろう。

さて、こうした体験談が随所に散りばめられたこの研究書なのだが、実は、巧みな構成になっている。前半が理論編（研究者の論考）。後半が実践編（わざ実践者との対談）。しかも前半の理論編が、後半の対談を先取りしている。後半で語られる具体的な実践の言葉が、前半の理論編の中で引用され、検討されている。ということは、ずいぶん時間を掛けたということである。理論的な研究会で対談のための作戦を立て、実際の対談に臨み、そして語られた言葉を再度理論研究の中で検討し直す。そのフィードバックに成功している。

というより、対談そのものが、その見事なフィードバックの実例になっている。例えば、歌舞伎俳優・五代目中村時蔵氏と生田久美子氏の対談、あるいは、先にも見た、和太鼓をめぐる佐藤・川口対談。よほど考え抜かれた問いであったのだろう。「質問」し「解答」するという形式だけ見ればごく普通のインタビューであるその「対談」が、実に見事なやりとりになっている。二人で創り上げてゆく感覚が伝わってくる。あるいは、周到な準備を重ねた後に、「対談」の場面ではすっかりそこから離れて、その時その場のやりとりに身を任せてしまうことができたのだろう。場面の中から言葉が生まれている。

ということは、「わざ言語」を語る言葉は、それ自体が「わざ言語」であるのではないか。それとも逆に、「わざ言語」を語る言葉は、それ自身は「わざ言語」になってはいいけないのか。あるいは、「わざ言語」の発生現場に身を置くことのできる言葉ということなのか。

誘う言葉、しむける言葉。相手の感覚に入り込み、未知の感覚に誘い出す。あるいは、「突き付ける」。学ぶ者自身をして自らと向き合うことを余儀なくさせてしまうような言葉。「創造への誘《いざな》い」などという聞こえの良いキャッチフレーズに納得してはいけないのだと思う。

（「図書紹介」『教育学研究』第79巻、第一号、二〇一二年三月、を改稿）

# 第9章　離見の見――世阿弥の知恵（2）

世阿弥は「無心に舞う」ことを求め続けた。その秘伝のひとつに「離見の見」がある。意識の囚われから離れるための工夫、あるいは、自分の意識を使いこなす工夫。

話は複雑に入り組んでおり、理解しやすいわけではないのだが、なぜか毎年、学生たちは関心を持って聴いてくれる。何らか似た経験を身近に感じているということなのか。自分の経験と重ね合わせながら、この厄介な話に付きあってくれるのである。

## 離見の見

「離見の見」とは、最も簡単に言えば、自分の姿を外側から見ることである。一般的には

「客観的に見る眼」などと説明される。自分の眼で自分を見るのではない、他者の目で自分を見ること。

世阿弥は、自分の眼で見ることを「我見（がけん）」といい、他者の眼で見ることを「離見（りけん）」と呼ぶ。舞台で演じる役者に即していえば、「我見」が、舞台に立つ演者（我）の視点であるのに対して、「離見」は、観客の視点から演者を見ることである。

そう理解したうえで、あらためて「離見の見」を定義してみれば、それは、演者が「離見」をもって自分の姿を外から見るということである。

「離見」の主語が観客であったのに対して、「離見の見」の主語は演者である。あるいは、「我見」から辿りなおせば、「我見」の主語が演者であり、対称的に、「離見」の主語が観客であったのに対して、「離見の見」の主語は、再び、演者に戻ってくる。

演者が、「離見」をもって自分の姿を外から見るということ。つまり、演者が、観客の視点から自ら自分を見るように、自らの姿を外から見ることである。

## 我見から離れる

大切な点であるので別の側面から確認しておく。重要なのは「我見から離れる」という点である。「離見」とは、結果としては「観客の視点」と理解されてよいのだが、正確には、その前に、「我見から離れる」という出来事を意味している。

世阿弥が強調したのは、「我見」に縛られたまま舞台に立たないこと、「我見」から離れることの重要性である。

「我見」は自分の視線であるのだが、実は、その背景に「自分の意識作用」という意味が控えている（むしろ仏教用語における「我見」は、元来「自己意識」、あるいは「主体の意識作用」を意味した）。

ということは、「我見から離れる」とは、演者が、自らの意識作用から離れるということ。とりわけ、自分で自分のことを気にしてしまう自意識から離れることを意味した。

ところが、「自分のことを気にしてしまう」場合、気にしないと思ってもそう簡単には離れることができない。とりわけ、観客の視線に曝される舞台の上で、気にしないように努めてみても、簡単にはできない。

そこで世阿弥は観客に手伝ってもらうことを提案する。観客の視線に意識を集中し、観客の視線に映る自分の姿を想像することによって、自分で自分を気にしてしまう我見から離れよというのである。

そう理解したうえで、もう一度、「離見の見」に戻ってみれば、それは、演者が「離見」をもって自分の姿を外から見ること、つまり、我見に縛られることなく、我見から離れて自分を見るということになる。

自分から少し距離をとる、あるいは、少し離れたところから自分を見ると語られる出来事に近いということである。

## 自分のからだの内側が動き出す

では、我見に縛られることなく舞うとはどういうことか。世阿弥は詳しく語らないのだが、本書の用語で言えば、「自分のからだの内側が、おのずから、動き出す」ということである。その流れに乗って、舞う。

逆に言えば、我見に縛られている場合、「からだの内側がおのずから動く」ことはない。意識的に操作された肉体の動きは、からだの自由な動きではない。自分で自分の動きを気にしながら作為的に演じている限り、「からだがおのずから動く」ことはない。

それに対して、「我見」から離れてしまう時、からだがおのずから動きだす。この内側から湧き起こる流れに乗って舞うことを世阿弥は勧めるのである。

この「内側から湧き起こる流れ」は、今日「体性感覚（体感・共感覚・synesthesia）」と呼ばれる。重要なのは、意識の「対象」となっていた「肉体」ではない。自分が「からだ」になるという点である。自分がからだになる時、内側から湧き起こる感覚。それに「乗る」。

世阿弥は、「飛ぶ鳥が、羽ばたくのをやめて、風に乗って漂っているような舞い」と形容する。まさに先に見た「フロー」であり、「運ばれてゆく感覚 Getragenheit」である。

さて、そうであれば、無心の舞にとって最も大切なのは、この「内側から湧き起こる流れ」であったことになる。ならば、最初からその「流れ」を狙えばよいではないかと考えたくなるのだが、そうした意識的な作為こそ最も危険であると、世阿弥は教える。

意識を向けたとたん「からだ」は強張ってしまう。からだの内側からの流れを湧き起こそうと意識的に操作した途端、その流れは止まってしまう。したがって、直接に「内側の自然な流れ」を狙ってはいけない。世阿弥の知恵は間接的であり「回り道」である。間接的に「生じさせる」、あるいは、間接的に「おのずから生じてくる」ことを願うのである。

## 「わが姿を見得する」

世阿弥は「無心の舞」を求めた。我見に囚われている限り、無心に舞うことは出来ない。意識から離れる時、初めて「からだの内側がおのずから動き出す」。

しかし舞台人は、からだの内側が動き出すのを、待っているわけにはゆかない。しかし直接求めると失敗する。そこで世阿弥は回り道を工夫した。観客の視線に意識を集中し、その視点に映る自分の姿を見るという仕方で、「自分で自分を意識する」ことから離れてしまう。そうしていると、意識の呪縛から解きほぐされて、肉体が「からだ」になる。自分がからだになる。そして、からだの内側がおのずから動き出す。

そうした回り道を工夫したのだが、しかしその試みが、危険な逆説を含んでいることを世阿弥は承知していた。「意識しない」を意識的に創りだすという逆説。「意識しない・自然に・おのずから」を、意図的に創りだそうとしているのである。

そこで世阿弥の語りは複雑になる。

例えば、「目前心後《もくぜんしんご》」という。目は前を見るが、心は後ろに置いて自分の後ろ姿を見る（「わが姿を見得する」）。その時、肉眼では見ることのできない自分の身体の全体を見届けることができ、優美な舞となるというのである。

この「わが姿を見得する」は様々な解釈を呼ぶのだが、本書は「生きられた身体感覚」を取り戻すことと理解する。何度も見てきた「からだの内側がおのずから動き出す」ということ、つまり「自分がからだになる」ということである。

しかし重要なのはその先である。

「からだになる」のであるが、しかし「なりきって」しまうわけではない。体験に没入するわけではなく、その自分を見ている。我見から離れ離見に留まるのではなく、離見の視点をもって自分を「見る」。やはり「見」なのである。

つまり、からだとして生きつつ、同時に、「生きられた身体感覚」に気づいている。意識の対象とするわけではないが、気がついている。しいて言えば、「内側から主題化することができる」。

したがって、「わが姿を見得する」とは、正確には、「身体感覚を生きつつそれに気づいている」ということになる。

## 観客を惹き込む意図

ところで、世阿弥は舞台人であり、舞台人である限り、舞台の成功を望んでいた。しかし成功させせようと作為的に演じたら「無心の舞」にはならない。「離見の見」は、無心に舞うための秘伝であった。

ところが、ここにまた、面白い逆説が生じる。無心に舞う時こそ、最も観客を惹き込むというのである。

世阿弥によれば、演者は「生きられた身体感覚」になる時、観客と一体になる。「見所《けんじょ》同心《どうしん》」という。「見所（観客）」と同じ心になる。そして、演者が、観客と同じ心になることができた時、最も、観客を惹き込むことになる。いわば、観客を演者に同一化することに成功する。

ということは、離見の見は、ある意味においては、観客を「誘い入れるまなざし」であったことになる。その地平で無心に舞う時、最も観客を惹き込む。

では、世阿弥はそれを承知で、弟子たちに伝えたのか。もしそうであるなら、無心の舞は、舞台を成功させるための戦略として理解される。舞台を成功させるために、無心になる。

しかしそれを「無心」と呼んでよいか。本当の無心は、舞台の成功などという目的を超えてしまうのではないか。あるいは、舞台を成功させるという「心」が残っている限り、無心とは言えないのではないか。

ここも議論は分かれるのだが、ごく一般的には、世阿弥の思想を前期と後期に区別したうえで、前期の世阿弥は、舞台の成功を強く意識していたが、後期になると、そうした思いすら放棄し何も願うことのない「無心」の境地に至ったと理解されている。

前期は「花」の美学。観客との駆け引きを意識し、いかに観客を「化かすか（新鮮な驚きをもたらすことができるか）」、その戦略を「秘する」、「珍しき感」、「男時・女時」などの言葉を駆使して語っていた。それに対して、後期は「幽玄」の美学。もはや観客に媚びることなく、観客を惹く意図ももたず、舞台の成功など眼中から消えてしまった、無心を徹底した境地を生きた。そう区別して理解されてきたのである。

しかし本書はそのように整理しない。むしろ、世阿弥はその両面の緊張関係の中にいたと理解する。世阿弥は「花」と「幽玄」の緊張関係を生きた。

世阿弥は、最後まで、舞台の成功を願った。そしてそのための知恵を後世に伝えようとした。いかにしたら観客を惹き込むことができるか。その最後に至りついた答えが「無心の舞」であり、その工夫としての「離見の見」であった。無心に舞う時、最も、観客を惹き込むことができる。

ところが、それを意識してしまうと、無心になれない。意図的になり作為的になる。あるいは、「わざとらしく」なる。わざとらしく作られた無心を、観客はいともたやすく見抜く。そこで世阿弥は「無心」の徹底を求めた。無心を徹底させること。

無心の舞に至ると観客を惹き込む。それを期待してしまう。結果を意識してしまう。そこでまた最初に還り、無心になろうとする。それが世阿弥の稽古であったことになる。

## ＊コラム⑦　見えていたものを見えなくする

「木を見て森を見ず」という。木に焦点を合わせてしまうと、森という全体を見失う。では、いかにして、再び森を見ることができるか。稽古の思想は「森を見よ」と言うかわりに「木を見るな」という。

森全体を震わせる蝉時雨《せみしぐれ》に出くわした時の友人の話である。森全体が「せみ」になって鳴いている。個々の〈セミ〉は見えない。少しずつ目が慣れてくると、一匹見つかる。また一匹、また一匹、次々に〈セミ〉が姿を現してくる。「図と地」の関係で言えば、〈セミ〉が図として、「森」という地から浮き出てきたということである。

ところが、〈セミ〉が見えてしまうと、もはや、森全体が鳴くことはない。〈セミ〉が鳴いている、〈雄のセミの腹部の発音器〉が音を出している。

それに対して、稽古の思想は、〈セミ〉を見ない工夫を仕掛ける。見えていた〈セミ〉を見えなくする。見えなくすることによって、もう一度、「森全体の蝉しぐれ」を取り戻そうとする。森全体が「せみ」になって鳴いている震えるような夏の夕暮れを取り戻そうとする。

世阿弥が「離見（我見から離れる）」という言葉で語ろうとしたのは、そういうことである。あるいは、「似せぬ」の教えも同じ。「守破離」で言えば「破」にあたる。本書は「力を抜く」、「気にしない」など、「する」に対する「しない」として見てきた。「学習」に対する「脱学習」の系譜である。

ところがその先がある。「守破離」で言えば「離」である。「する」と「しない」の特殊な両立、「似せぬ」の先に生じる「似得る」の位相、「離見の見」である。

稽古の思想は「見ない」ことだけを大切にするわけではない。「見る」ことも大切にする。それは、「見ない」こともできるし「見る」こともできるという特殊な二重性である。

個々の〈セミ〉を、一匹ずつ区別して明晰に見ながら、しかし同時に、〈セミ〉に囚われることなく、森全体の蝉時雨も「聴く」。「聴く」の代わりに「嗅ぐ」と言っても「触れる」と言ってもよい。〈セミ〉を一匹ずつ見分けながら、しかも同時に「森全体」を感じ取る。

「見る（見分ける）視覚」と「感じる（聴き入る）感受性」との二重写し。どちらか片方ではない、両者ともに、同時に働かせる二重写し（特殊な両立）である。

ところが、稽古の思想は、初めからそうした「二重写し」に進むことを禁止した。そうではなくて、一度「見ない」を経由する。正確には、「見えていたものを見えなくする」工夫を不可欠としたのである。

なぜなら、稽古の思想は、世阿弥が「我見」と呼んで嫌った、私たち人間の能動性・操作性を警戒するのである。自分を中心にして「見る」傾向。哲学の言葉で言えば、世界を「対象 object」として設定することによって操作し支配しようとする私たちの「我 subject」の根深さ。

「対象」と「我」を区別し、対象をあちら側に、我をこちら側に振り分ける「主客二元論」の構図の根深さ。稽古の思想は、そうした「二元論」の根深さを強調し、「縛られるな」、「囚われるな」と警告するのである。

蝉の話に戻れば、こういうことである。そこには二つの方向があった。

ひとつは、「森全体の蝉しぐれ」から個々の〈セミ〉を発見する方向。森全体の蝉しぐれに聴き入っていた時は、まだ〈セミ〉が見えていなかった。そしてその時、「我」も蝉しぐれに溶け込んでいたから、〈我〉として成り立っていなかった。その状態から、個々の〈セミ〉が見えてくる、と同時に、「我 subject」も明確に意識されてくる（主と客が明確に分離した主客二元論の地平である）。

もうひとつは、個々の〈セミ〉から「森の蝉しぐれ」に還ってゆく方向。見えていた

〈セミ〉を見えなくすることによって、もう一度、「森全体の蝉しぐれ」を取り戻そうとする（主客二元論の成立以前に戻ろうとする、あるいはその二元論を超える方向である）。

稽古の思想は、前者よりも後者の方が、より困難であると断言する。「見えるようになる」ことよりも、「見えていたものを見えなくする」方が困難である。「森全体の蝉しぐれ」から個々の〈セミ〉を発見することよりも、個々の〈セミ〉から「森の蝉しぐれ」に還ってゆくことの方が、よほど困難である。

なぜなら、実は、単に還るのではない、正確には、個々の〈セミ〉を見ながら、同時に、森全体の蝉しぐれに溶け込もうとしているからである。あるいは、蝉しぐれに溶け込みながら、同時に、個々の〈セミ〉を見ようとする。両者が特殊な二重性において両立する瞬間を求めている（「守破離」の「離」、「似せぬ」の先の「似得る」、「離見の見」）。

見えていたものを見えなくする。その時に、初めて、木も見る、森も見る。正確には、「見る」こともできるし「見ない」こともできるようになる。

# 第10章　場のポテンシャルエネルギー

アスリートやミュージシャンたちは、時に、特別な意識状態に入る。世阿弥が「離見の見」と呼んだ「場の全体の流れが見えている」状態と考えられる。

その状態を「場のポテンシャルエネルギーが働く」と語る場合がある。これまでの考察が、世阿弥を含め、演者の側（行為する人間の側）から出発していたのに対して、逆に、「場の全体」の側から、この「特別な意識状態」の出来事を見る。

## 「図」と「地」

「図と地」を考えてみる。人間（個々の演者・プレイヤー）が「図 figure」であり、場の全体が「地 ground」である。

「わざを習う」稽古（学習）は、「地」から「図」が浮かび上がるプロセスである（図10）。周囲の余計な部分を切り捨てる（背後に沈ませる）ことによって、全体の中から「図柄」だけを浮かび上がらせる。例えば、切り絵細工は、端切れを切り捨てることによって「絵柄」を浮き彫りにし、鉛筆削りは、まわりを削り落とすことによって「シャープな芯」を際立たせる。「わざ」も、別の動きと明確な区切りをつけることが必要である（「我見」で言えば「我見」を育てる方向）。

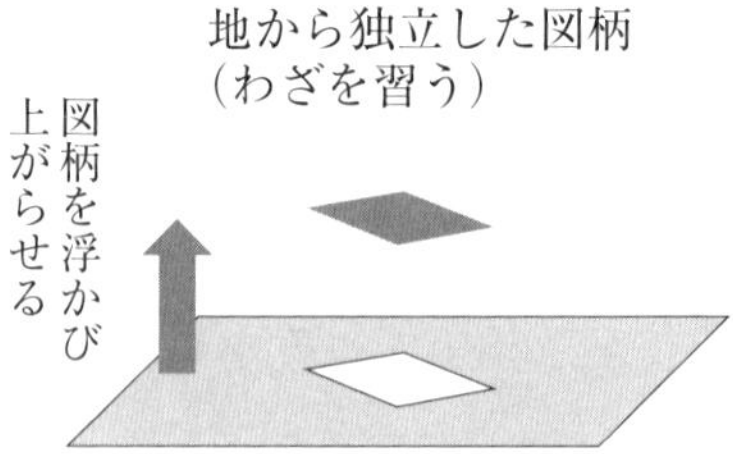


図10

それに対して、「わざから離れる」稽古（脱学習）は、「図」が「地」に戻ってゆく。浮き出ていた「図柄」が、元々いた「地」の中に戻ってゆく（「我見」から離れてゆく）（図11）。それは、別の言い方をすれば、それまで背後に沈んでいた「地」が顕れてくるということである。それまでは、「図」だけが浮き上がり、「地」は背後に沈んでいたのだが、今や、あらためて、「地」が姿を顕わす。ということは、「場の全体」が姿を顕わし、「場の全体」が見えてくる（図12・一三四頁）。

もし独立した「図」がそのまま留まるなら、図柄は固定される。ひとつの図柄に縛られてしまうことになる。それに対して、図が「地」に戻るということは、ひとつの「図」になる以前の、多様な可能性を秘めた地平に戻るということである。ひとつの図柄に縛られない。

しかし「地」に巻き込まれ、「地」の中に埋もれてしまうのでもない。そうではなくて、場の全体の流れの中で「自分」を保っている。場の全体から切り離れた自分ではなくて、場の全体の流れの中でそのつど変わりゆく自分、あるいは、そのつど新しく変わってゆく自分を体験している。

ということは、何らか特殊な両立を備えた「二重の見」である。場の全体の中にありつつ特殊な「独立」を持った眼であり、独立しながらも独立以前のつながりを豊かに保った眼である。

そうした「二重の見」は、「場の全体」の中にいるから、場のポテンシャルエネルギーと響き合っている。「場の全体」から切り離れてしまった「個人」は、そうした「場の全体エネルギー」とつながることが難しい（つながろうと無理をすると逆効果

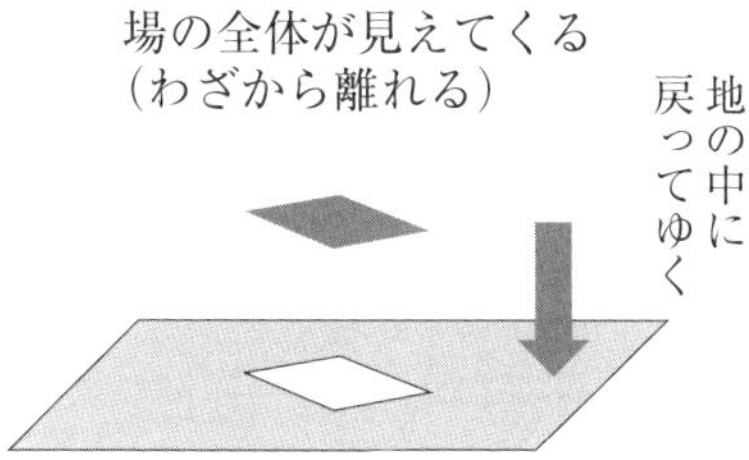

図11

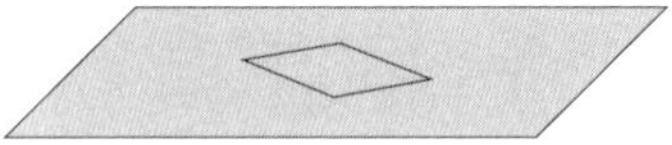
図が地に戻る
地が顕れてくる
場の全体が姿を顕わす

図12

になる）。それに対して、「二重の見」は、場の全体エネルギーを「使う」ことができる。とはいえ、自分勝手に利用するのではない。むしろ、場の全体エネルギーから影響を受け、影響されるという仕方で、場の全体に影響を与えてゆく。

世阿弥で言えば、「場の全体」から切り離れてしまった「個人」は「我見」であって、我見に縛られている限り、場の全体エネルギーに「のる」ことは難しい。それに対して、場の全体のつながりの中にいる者は、我見とは違うのだが、しかし独自の「見」（「離見の見」）を持つ。離見の見は、場の全体のつながりから切り離れた「個人の見」ではないが、しかし場の全体に埋もれてしまうわけでもない、つながりの中の独自な「見」である（図13）。

## スキルとアート

ここで、スキルとアートの区別を思い出してみれば、こういうことになる。

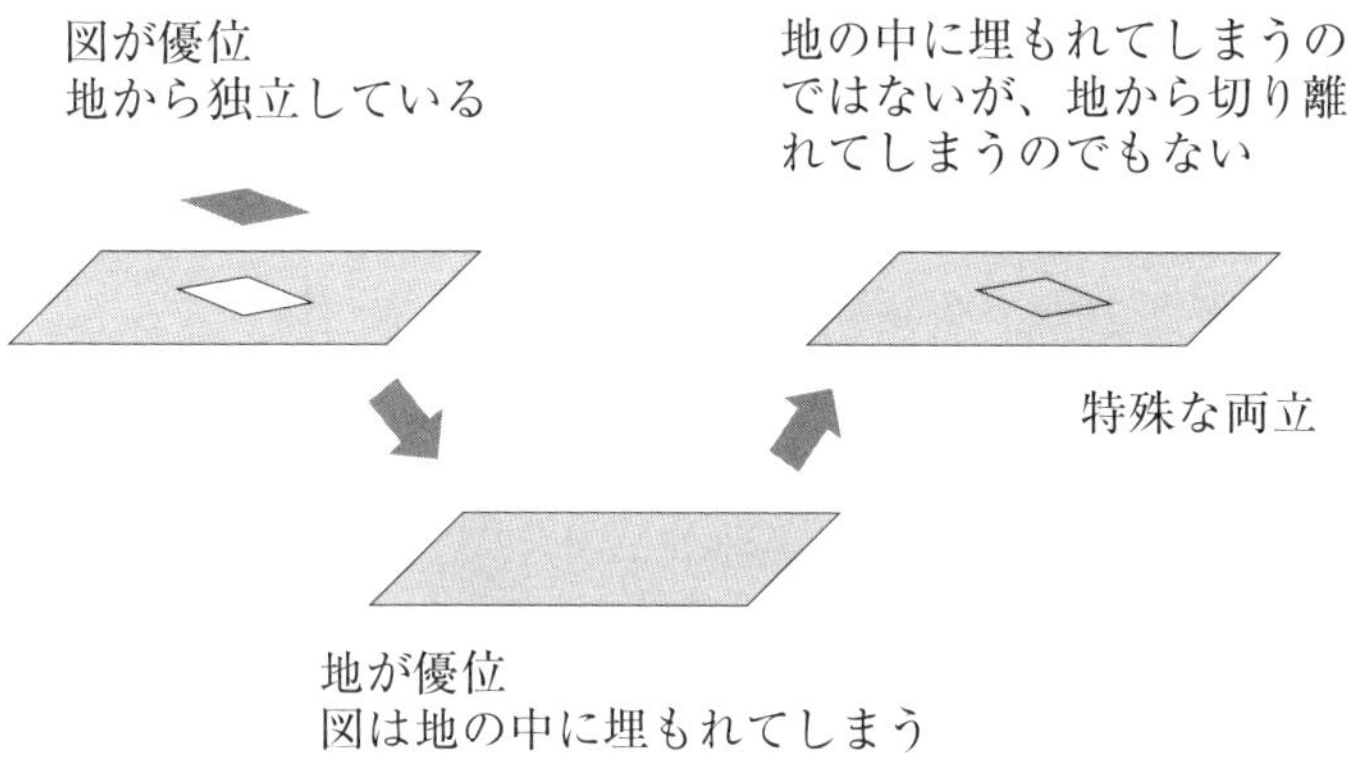


図13

スキルは「図柄」である。独立したテクニックである。それに対して、そのスキルから離れることによって、「地」とのつながりを取り戻す。ということは、スキルを際立たせるために背後に切り捨てざるをえなかった別の側面を取り戻す。いわば、光の当たらなかった影の側面にも光を当てることによって、場の全体がもつポテンシャルエネルギーに、活躍の場を提供する。

その時、アートが生まれる。アートは、ひとつの側面だけを強調するスキルに比べて、多面的である。場のポテンシャルエネルギーを生かすことができるから、多層的であり、立体的である。

しかし、稽古のプロセスとしては、アートから始めることは出来ない。あるいは、アートだけ習得しようとしてもうまくゆかない。やはり、稽古の順序としては、スキルを学ぶことから始まる。まず「図」をシャープにする。そして、その後に、そこから離れてゆく。

ということは、スキルがないことが大切なのではなくて、スキルから離れてゆくという出来事が大切なのである。その出来事の中にアートが生まれてくる。

## 「場の全体エネルギー」と「道」

ところで、こうした「場の全体エネルギー」を、稽古の思想は「道」と呼ぶ。その背景は、禅の思想、さらに遡れば、老荘思想の「タオ（道）」がある。

一般的には、書道、剣道、華道と語られる時、それらは、特定の技芸の習得プロセスと理解されている。例えば、「書」のわざを磨くことを通して、人間を磨いてゆくプロセス。個人が歩む道である。

ところが、「タオ（道）」の思想に倣えば、「道」とは宇宙全体のエネルギーであり、そのエネルギーが顕れ出ることである。とすれば、「書道」とは、「書」という営みにおいて「タオ（道）」が顕れ出る出来事、書における「道の顕現」となる。

「道」の思想は人間の視点から出発しない。反対に、宇宙全体の側から出発する。森羅万象の根底をなす宇宙エネルギー（道）が顕れ出てくる出来事。正確には、人間の側から出発する視点と、宇宙エネルギーが顕れ出てくる視点と、その両方向を視野に納め、両者が関連する出来事を主題としているのである（この点は後述、12章）。

「場のポテンシャルエネルギーを使いこなす」とは、こうした視点から見れば、宇宙エネルギーが、その場において、最も生き生きと輝き出すということ。例えば、演者を通して「道」が舞台の上に、最も生き生きと輝き出す。それを人間の側から言えば、透明になった演者の内に「道」が顕れてくる（やってくる）。あるいは、演者がその場の全体と響き合い、「場のポテンシャルエネルギーを使いこなす」。つまり、フローになり、ゾーンに入る。

そうした言葉は、「道」の視点から見れば、「道」が顕れ出る出来事を、人間の側から、様々に言い換えていたということである。

## ＊コラム⑧　正統的周辺参加

本書は、稽古を、当事者の視点から見る。自ら稽古する当の本人の視点から読み解こうとする。

その結果として、稽古を「共同体」との関連で見る視点が弱い。実際の稽古は、特定の技芸を保つ共同体の中で行われる。そして、その視点から見れば、稽古は、ある共同体への「参加」プロセスということになる。

その点を論じたのが「正統的周辺参加」の理論である（レイヴとウェンガー『状況に埋め込まれた学習――正統的周辺参加』佐伯胖訳、産業図書、一九九三年）。

正統的周辺参加とは、簡単に言えば、新参者の学びのプロセスである。例えば、パン職人を目指して入門した新参者は、最初は、周辺的な仕事を任される。失敗しても取り返しがつく程度の周辺的な作業。しかしその過程で仕事の全体の流れを見ることになる。焼き時間と出来上がりの関係を知り、先輩たちの勘やコツに触れてゆく。

重要なのは、そうした新参者の作業が、周辺的ではあるものの、共同体から認められているという点である。新参者は、共同体の構成員として承認されているという意味では「正統的」であるのだが、しかし、まだ中心的な働きを任されているわけではないという意味で「周辺的」な参加しかしていない。

その後、徐々に重要な仕事を任され、中心的な任務を担当し、「一人前」の職人としての「熟練のアイデンティティ identity of mastery」を獲得してゆく。そして最後にはエキスパート（師匠）になってゆく。「正統的周辺参加 Legitimate Peripheral Participation」から「十全的参加 full participation」へと移行してゆくという理論モデルである。

こうしてこの理論は、「学習」を実践共同体への「参加の度合い」が深まりゆくプロセスとして捉える。重要なのは、そのプロセスが、共同体にとっては、共同体の再生産プロセスになっているという点である。学習を単なる個人の営みと捉えるのではなく、社会的実践のひとつの場面と捉え、さらには、共同体が存続継承してゆくプロセスとして捉えようとするのである。

学習理論として見れば、この理論は、学習を個人の中で生じる認識論的な変化ではなく共同体への参加として見る、あるいは「内面化」のプロセスではなく実践共同体への参加のプロセスと理解する点において際立っている。学習者は、共同体に参加することによって動機づけられ、その共同体における一人前になることを目的としていると理解するのである。

「徒弟制」や「内弟子制」をモデルとしたこうした理論が、共同体と稽古の関係を見る一つの手がかりを提供していることは確かである。しかしこのモデルは、共同体との関連に焦点を集めすぎるため、その次元に納まりきらない位相が見えてこない。

例えば、稽古の成果を、共同体のなかで体験される「手応え」として理解するだけでは、現在の共同体（流派）から称賛を得ることのできない「知識・わざ」の価値が見えてこない。あるいは、その流派を離れて新たな流派を創り出す出来事が見えてこない。もしくは、師匠との関係という場合、師匠の師匠、あるいはさらにその先の師匠との関係が、この「実践共同体」の中にどう位置づくのか、はっきりしない。

稽古の思想を、そうした入り組んだ立体的な「関係性」の視点から読み直す課題は残されている。

# V 稽古とその成就

# 第11章　成就と日常

## 成功と成就

稽古は何を目指すのか。舞台（試合・パフォーマンス）が「成功する」と喝采を浴び、注目され、社会的評価を受ける。そして次の依頼が来る。それは稽古する者にとって喜びであり励ましである。

ところが、そうした成功とは別の「納得」がある。世阿弥は「落居」という。「然るべき過程を踏んだ後に、落ち着くべきところに落ち着いた」とでも理解するしかない、ある種の満足・納得である。

本書は「成就」と呼ぶ。世阿弥もこの言葉を使ったが、特に「成功」と対比させて用いたわけではなかった。それに対して本書は、世阿弥の「落居」を「成就」と理解し、「成功」と対比的に用いる。

成就は、成功と重なることもあれば、重ならないこともある。重ならない場合、たとえ結果がよくなくても「成就した」と実感される。然るべき稽古を積んだ後に、落ち着くべきところに落ち着いたという特殊な満足感である。個人的な思い込みではない。あるいは、自分で自分を納得させようとするのでもない。当事者の実感としては、何の迷いもない、誰から批判されようと、そう思わずにはおれない、手応えのある納得なのである。

どうやら稽古は「成功」を目指しつつも、同時に、それとは別の位相の「成就」を求めている。良い成果を得ることが目的であるのだが、同時に、よい成果が出ようが出まいが、それとは関係なしに、稽古それ自体に意味があると考えている。

そのつど欲を濾過してゆくプロセス自体に意味がある。身体のゼロポイントに戻り、そのつど新しく、その時その場の状況に対応してゆくという、そのこと自体に意味がある。正確には、そのゼロポイントにおいて「場の全体エネルギー」が顕現するということに意味があると考えているのである。

先にも見た通り（10章）、こうした「場の全体エネルギー」を、日本の伝統は「道」と呼ぶ。この「道」は、一方では、個人が歩む道であるが、他方では、「タオ（道）」の顕れである。

前者に倣えば、人は、芸道、武道など様々な「技芸」を通して、道を極める。それは、その技芸を高めることであるとともに、それを通して人格を磨くということでもある。

他方、後者に倣えば、「道」は、道教（タオイズム）の「タオ・道」に近く、森羅万象すべての根底をなす宇宙エネルギーである。そのエネルギーが顕れ出る。稽古とは「道」が顕われる機会、道が成就する機会である。

重要なのは、「道」が主語になっている点である。人間の願いが成就するのではない。あるいは、人間が道を歩き、何かを達成するのでもない。道（タオ）が顕れ出ることを「成就」という。

そう考えてみれば、成功と区別された「成就」とは、演技者の私的な満足ではないどころか、人間の側の喜びでもなくて、まずは、宇宙エネルギーが歪められることなく舞台（試合）の中に顕れ出る出来事を指していたことになる。

ちなみに、そう考えると、「道場」という言葉も、「道（タオ）が顕れ出る場」と理解される。特定の稽古場に限らない、日々の暮らしのすべての場面が「道場（道が顕れる場）」となる。

禅の思想は「行住坐臥」という。「歩いたり止まったり座ったり寝たり、状況に即して、そのつど適切に対応することが、すべて道である」（馬祖『馬祖の語録』）。

世阿弥もこの言葉を使う。「日々夜々、行住坐臥に、この心を忘れずして、定心につなぐべし」（『花鏡』第十四条）。心の稽古は舞台に限らない。日々の暮らしのあらゆる瞬間に、心の集中を緩めることなく、油断せず、心の張りを貫くこと。日々夜々、行住坐臥、そのすべてが、「タオ・道」の顕れる場面であり、道場ということになる。

## 日常性——「平常心」

こうして稽古の思想は「日々の暮らし」を重視する。日々の暮らしがそのまま稽古になる。

歌舞伎の女形役者はこう語る。女形は技巧ではない、常日頃から、女として暮らす。もはや演じるのでなく、自然な身の振る舞いとする。「平生（日々の暮らしの中）、女として暮らさねば、上手の女形とは言われがたし。……常が大事と存ずるよし……」（『あやめぐさ』）。

日々の暮らしの「常」が大事なのである。そう確認したうえで、しかし稽古の場合、丁寧に考えなければならない。ひとつは、わざの完成だけが目的ではない、もうひとつは、やはり芸の稽古を大切にする、という点である。

まず、わざの完成だけが目的ではない。内面の成熟がなければ、わざが完成しない。この「内面の成熟」は（人格の変容、人間性の成長、内的自由の獲得などとも言い換えられるが）、「人間を磨く」という言葉と重なる。わざの稽古は、わざの習得を通して人間を磨くことであり、逆に、人間を磨くことがなければ、わざが完成しない。

ということは、稽古は、一方から見れば、直接的に「内面の成熟」を追究することをせず、わざの習得という回り道を介して、間接的に人間を磨くのであるが、しかし、他方から見れば、そのわざの習得は、内面の成熟があって初めて完成する。

ドイツの哲学者・ボルノーは、この点を、わざが「完成すること」と、それを「持続させること」の違いとして説明する。完成したわざは日々衰えてゆく。それを「持続させる」ためには、内面の成熟が不可欠である。日々新たに、内面的な成熟を続けてゆくのでなければ、わざを持続することはできない（前掲書、ボルノー『練習の精神』）。

ところが、第二に、やはり「わざ」が大切である。日々の暮らしが大切なのだが、しかしそれは、地道な「わざ」の稽古を土台にして初めて成り立つことである。わざの稽古を疎かにして、日々の暮らしだけ大切にしても、稽古にはならない。

鈴木大拙が「せぬときの坐禅」と面白いことを語っている。「坐禅する」に対して「坐禅せぬ」時というのであるから、日々の暮らしの中のすべての行いが坐禅になる（「せぬときの坐禅」、「足を組まない坐禅」になる）。

しかし「せぬときの坐禅」の方が大切というわけではない。むしろ、しっかり時間を確保して「坐禅」してこそ、「せぬときの坐禅」が意味を持つ。両者ともに大切と言えば簡単だが、実際は、互いが互いを乗り越え合うような緊張関係を伴っている。「坐禅」がなければ「せぬときの坐禅」は成り立たず、「せぬときの坐禅」によって支えられなければ「坐禅」が成り立たない。

あらためて「成功」と「成就」を思い出す。たとえ成功しなかったとしても、稽古は、稽古それ自体で意味がある。しかしそうした語りが、「成功」を徹底して追及する気迫と両立する。互いに互いを批判し合う緊張関係にあると同時に、互いに補い合う関係にもなっている。

「必ず成功せよ」と「成功がすべてではない」。その二つの教えが、稽古の思想の中では、特殊な仕方で両立しているのである。

# 第12章　修証一等

## 道元の「修証一等」

稽古は、何かの目的に向かって進むと考えられている。ある「わざ」の習得を目指し、何らかの目的の達成を目指している。

ところが、見てきたように、稽古は、稽古することそれ自体に意味があるともいう。では、稽古とその成果との関係は、どのように考えられてきたのか。

ここでも道元禅師の話に耳を傾けることにする。有名な「修証一等」の教えである。

修行の心得を説いた『学道用心集』の中で道元はこのように語っている。修行は自分自身のためにするのではない。幸福のためでも、名を残すためでも、霊験を獲得するためでもない。「ただ仏法のために仏法を修する、すなわち是れ道なり」。

ただ「仏法」のために修行する。何であれ修行の結果を期待してはならない。成果を先に置き、そのための手段として修行するという考え方を、徹底的に拒否するのである。「修（修行）」と「証（悟り）」を区別してはならない。証に届かないから、修という手段によって証（目的）を実現しよう、と考えてはならない。あるいは、修という低い段階から、証という高い段階に昇りゆく、と考えてはならない。

修行は悟りの手段ではない。修行とは別にその成果としての証（悟り）を期待してはならない。修行すればその中に「証（悟り）」がある。「行ずれば、証その中にあり」。「修（修行）」と「証（悟り）」はひとつである。「修証一等」である。

そして道元の好んだ譬えが語られる。迷いがあるから悟りがあるのであって、迷いがなければ、悟りもない。その悟りに執着しているのは、病気でもないのに薬に執着しているようなものだ。

重要なのは、道元が人間を「病気ではない」と見ている点である。病気でないのであれば、薬は要らない。同様に、「迷いがない」ならば悟りも要らない。そして、人はすべて本来、病気ではない。「証」である。既に悟っている。ならば、もはや修行は要らないかと言うと、まったく逆であって、本来悟っているから修行する。悟りがないから修行するのではなく、本来悟っているからこそ修行する、恵みを受ける。修行するとは、恵みを受けることなのである。

つまり、ここで「修行」の理解が大きく変化していることになる。何かを求める営みではない、既にいただいていることを喜ぶ営み。それが「修行」である。

道元は「得道」という。「得道のなかに修行すべし」。「道を得た者」が、道に照らされて修行する（恵みを受ける）。

カトリック神学者にして禅の師家でもあった門脇佳吉氏は、「求める者」と「得たる者」を対比する。悟りという目的のために修行するのは「求める者」の修行である。それに対して、既に悟った者が修行する場合は「得たる者」の修行である。

「得たる者」にとって、修行とは、「道」に生かされることである。「タオ・道・全体エネルギー」によって照らされること。何かを求めて努力するのではない。自分が生かされていることを喜び、道によって貫かれることである。

「透明なゼロポイント」でいえば、修行とは、透明なゼロポイントに身を置くことによって、「道」の光を曇らせることなく、そのまま純粋に輝いていただくこと、我が身を貫き、我が身において、輝いていただくことである。

ところが、私たちは、「まだ悟りがない」と考え、修行を通して悟りを獲得しようと努力する。道元はその出発点が間違いであるという。私たちは既に得ている。「得たる者」である。「得たる者」にとって修行は、既にいただいていることを感謝する機会である。修証一等、修行の中に「証（悟り）」がある。

## 道の「活き（はたらき）」

ところで、こうした「道」について、門脇氏は「道の活き《はたら》」という特別な言葉を使っていた。道を求めるのでもなく、道を得るのでもない。むしろ、道が主語になって「道がはたらく」。人間を主語にした語りではなく、「道」を主語にした語りであり、その特殊な「はたらき」を、道の「活き」と呼ぶのである。

重要なのは、「道」が「活き」としてのみ存在するという点である。あらかじめ「道」が存在していてそれが「働く」のではなくて、道は「活き」としてのみ存在する。

修行は、こうした「活き」と一つになることである。道の「活き」と一つになって動く、あるいは、道の「活き」を生きることである。

言い換えれば、修行の中に「活き」が顕われる（「現成する」「見成する」）。本当は、道の「活き」は、常に初めから私たち一人ひとりの内に「はたらいて」いるのだが、しかし修行がなければ顕れてこない。修行とは、道の「活き」が現成する現場に身をおくということである。

それは、「活き」を対象化して認識するということではない。そうではなくて、「活き」に身をまかせ、その「活き」とひとつになって、観る。

そして、分かってみれば、そもそも修行は、道の「活き」に動かされて、始まる。修行者が修行を始めるようになるのは、道の「活き」に生かされることによってである。修行はそもそも道の「活き」である。その初めから内在していた「活き」が、修行の中で、外に顕れ出てくる（現成する）。

こうして「得たる者」の修行は、実はその初めから自分を支えてくれていた道の「活き」とひとつになり、その「活き」に生かされることである。そして、その立場から見る時、「求道心」は、求めるという一点において、「我」を離れていない。仏を「自己」の外に見て、それを求めてしまう。

そうではなくて、自ら仏になり切って、そのままに行ずる。仏として輝く。そしてその立場においては、「悟り」を体験しようがしまいが、道の「活き」の中にあって、その中で自由自在に生きることが最も大切であったことになる（世阿弥が願った「無心の舞」の境地である）。

さて、以上のように理解したうえで、あらためて、稽古に話を戻してみる時、稽古は、ある一面において、道元の語った地平を共有するが、他の一面においては、そこから離れている。

稽古も、稽古それ自体が重要であるという。成果が出るから価値があるのではない、稽古は稽古それ自体で価値がある（「得たる者」の立場である）。

しかし、稽古の場合は、それだけ言ったのでは足りない。やはりその道の「わざ」を習得することが大切である。わざを高めることがないまま、稽古それ自体に価値があると留まっていては、稽古として弱い。稽古は、やはり、技芸を高め、あるいは、その水準を維持することを不可欠とする（「求める者」の立場である）。

しかし、技芸の成果にばかり傾くと「求める者」の立場に縛られて、「得たる者」の視点が見えなくなる。求める稽古と得たる稽古。そのズレと葛藤を内に含んだ特殊な両立が、稽古の思想の中では、繰り返し、形を変えて語られてきたことになる。

## 全体の見取り図

さて、以上のような話を、「透明な身体のゼロポイント」を中心に整理してみれば、こういうことになる（図14）。

図14

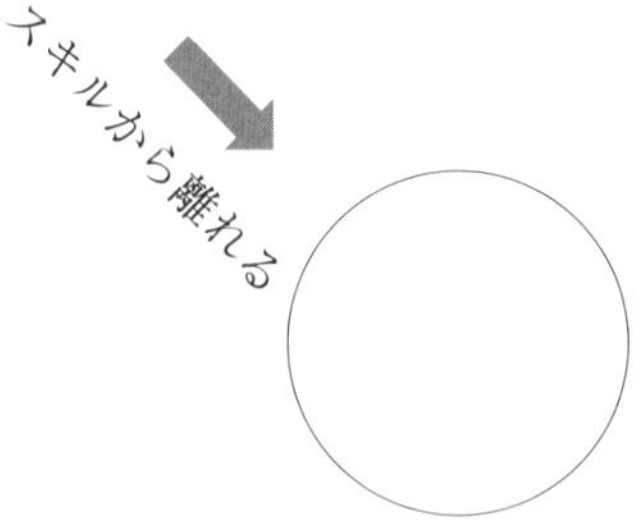


図15

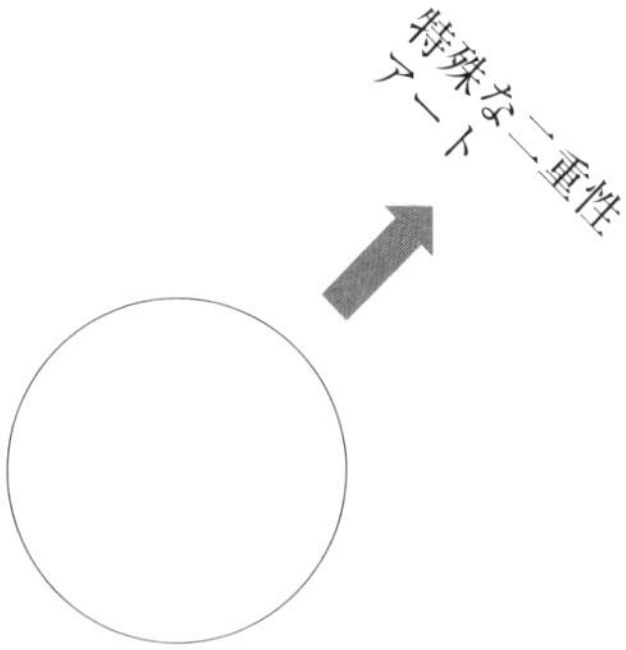


図16

まず、「わざ（スキル）」から離れ、稽古は人を透明にする。稽古は欲を濾過し、身体のゼロポイントに連れ戻す（図15）。

透明な身体のゼロポイントにおいて、場のポテンシャルエネルギーを使いこなすことができるようになる。その時、アートが生まれる。あるいは、「離見の見」が生じてくる（図16）。

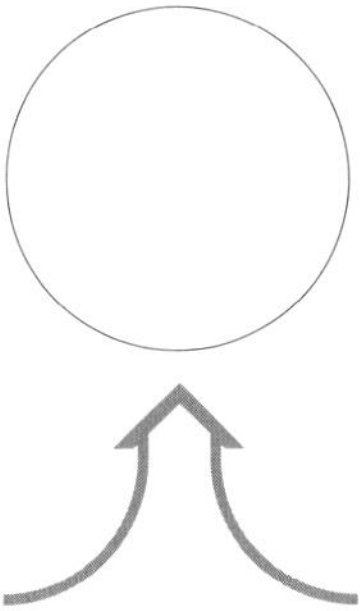


図17

しかし、それらすべては、「道」の視点から見れば、道（タオ）が顕れ出る出来事である。道が生き生きと顕れ出る出来事を、人間の視点から見る時、アートと語られ、「離見の見」と語られ、場のポテンシャルエネルギーと語られてきたことになる（図17）。

そしてそこまでわかってみれば、実は、その最初から、「道（場のエネルギー）」がはたらいていた。そのはたらきに促され、支えられて、初めて稽古が開始された。その恵みに感謝し、道の「活き」に照らされて存分に輝くことが「得道」、「得たる者」の稽古であったことになる。

## 啐啄同時

最後に、もう一度、稽古の場面に戻り、師匠と弟子の関係を見る。その極限的な場面を、稽古の思想は、禅に倣って「啐啄同時」と呼ぶ。

「啐（そつ）」は卵の中の雛が内側から殻をつつく音。「啄（たく）」はその変化に気づいた親鳥が、出てくる先を示すように、外側から殻をつつく音。殻を破る者とそれを導く者との絶妙なタイミングである。

禅でいえば、弟子の中に機が熟して悟りが開けゆく、その機を逃さず、師が教示を与え導くことと説明される。

親鳥は卵を暖めながら「機」をうかがっている。いよいよ近くなると、嘴《くちばし》で外側からコツコツと叩く。それを聴いた雛は、その音を頼りに、コツコツと返してくる。それを繰り返す中で上手になってゆき、雛鳥は自分の力でカラを割って出てくる。親鳥の叩くのが強すぎれば殻を破ってしまう。逆に、弱すぎれば雛を導くことができない。

放っておくのでもない、教えすぎるのでもない。先回りしすぎることのない、抑えの利いた心配り。ということは、その弟子特有のペースを知っていなければ、そのタイミングがつかめない。早すぎもせず、遅すぎもしない。「その時」を逃さず、絶妙の機を逃さない知恵である。

こうした知恵は「わざ（スキル）」ではない。意識的・計画的に実行できるものではない。ところが、稽古の教えに倣えば、こうした知恵は、ただ待っていても身につかない。やはり工夫する必要がある。ある種の試行錯誤を重ねる中で、そのタイミングを見る「眼」を育てる。

しかしその眼は、意図的に利用することはできない。あくまで、その時々の弟子との関係性の中で、生じてくるしかない。

先の図でいえば、透明な身体のゼロポイントにおいて、場のポテンシャルエネルギーが動き出すとき、「その時」が、おのずから、示される。その意味では、この眼はアートであり、「離見の見」に似た二重性を持っている。

意識的な判断ではないのだが、意識されない自動反応でもない、透明な身体のゼロポイントにおいて生じる出来事でありつつ、師匠の側は、明確にそのことに気が付いている（弟子の側が「気が付く」かどうかは理解が分かれるところである）。

しかし、「道」の視点から見れば、啐啄同時は、道（タオ）が顕れ出る出来事である。師匠と弟子との関係のうちに、道（タオ）が生き生きと顕れ出てくる。師匠一人の判断ではない、弟子一人の工夫でもない、さらには、その両方でもない。道（タオ）が両者の関係のうちに顕れ出る出来事に、師匠も弟子も「乗る」。その時、人間の側から見る時、啐啄同時と語られる出来事が生じる。早すぎもせず遅すぎもしない、絶妙の機が成り立つということである。

# ＊コラム⑨　平常心

禅の伝統に「平常心（びょうじょうしん）」という言葉がある。道を求めて修行する必要はない。唐代中期の禅僧・馬祖（七〇九―七八八）は「平常心是《こ》れ道」と語った。もし道を願うならば、平常心がそのまま道である（「若し直にその道を会せんと欲せば、平常心是れ道なり」）。

「平常心」は「ただ（淡々と）」日々の暮らしを生きること。「衣を著し、飯を喫し、困じ来たらば、即ち臥す」。逆境にも順境にも、動じることなく、ゆったり悠々と自然にしたがって生きること。

現代日本語の「平常心《へいじょうしん》」とは、文字は同じだが、微妙に異なる。あるいは、禅の用語の場合には、その根底に特殊な哲学が秘められている。

禅の「平常心《びょうじょうしん》」は区別しない。是と非を区別しない、聖と凡も区別しない。区別を立てることをしない、ということは「区別する」と「区別しない」を区別することもない。一切の区別をしない。すべてが「道」である。ありのままの日常生活がすべて「道」であるとは、そうした徹底した「無―区別」を貫いたものである。

そこで、この「平常心《びょうじょうしん》」は「無心」とも語られる。しかし、もしこの「無心」が、「有心」に対する「無心」と理解されているなら、「平常心」は「無心」ではない。心が働かないのではない、むしろ心が存分にはたらく。しかし「有心（通常の意識状態）」の働きではない。

「平常心《びょうじょうしん》」は「有心」でもなく「無心」でもない。いわば、「有心」の働きが消え、「無心」となったところに生じてくる、新たな「心のはたらき」ということになる（拙著『無心のダイナミズム』第4章参照）。

ちなみに、こうした理解を受け継ぐ仕方で、西田哲学は「平常底（びょうじょうてい）」という。西田によれば、この現実世界はそのまま絶対者（さしあたり本書にいう「全体エネルギー」）の顕れである。したがって、ありのままの日常生活がすべて「道」である。しかし日常に安住するのではない。常識が「無自覚な日常性」であるのに対して、平常底は「自覚された日常性」である。

言い換えれば、「平常底」は単なる肯定ではない。むしろ徹底した否定である。西田は「絶対否定即平常底」という（論文「場所的論理と宗教的世界観」）。その否定の極みにおいて反転が生じ、「場の全体エネルギー」が顕れる。正確には、実はその最初から、ありのままの日常がすべて「場の全体エネルギー」の顕れであったことが自覚される。

より正確には、この「場の全体エネルギー」が「絶対無」として理解されることになる。

以上のように理解してみれば、現代日本語の「平常心《へいじょうしん》」は、こうした「平常心《びょうじょうしん》」の思想の表面を、心理的側面に限ってすくい取り、「普段通りの平静な心を保つこと」として用いていたことになる。

ところで、こうした禅の「平常心《びょうじょうしん》」を「成就」の視点から見る時、新たな問題が生じる。「成就」は「成し遂げる」ことであり、プロセスの完成・達成・修了であった。ところが、その先に「完全に満ち足りている」という意味も含まれる。もはやこれ以上、何も必要がない。完全に満たされているのであれば、何も新たに獲得する必要がない、この状態を所有したいとも思わない（そうした「成就」がサンスクリット語では「siddhi」、出家以前のブッダの名前「シッダルタ Siddhartha」の出自である）。

では、成就し満ち足りてしまったら何もしないのか。

この点について世阿弥は「なすべきことをなす」と不思議なことを語っていた。この「なす」は、何かを獲得するための行為ではない。もはや何も獲得する必要はないのだが、むしろ、満ち足りているから「なす」。求める者の「なす」ではない、得たる者の「なす」である。

この「なす」を世阿弥は「舞う」と呼ぶ。ということは、世阿弥の「舞う」は舞台における特定のパフォーマンスに限定されることなく、すべての行為が「完全に満ち足りた境地」においては「舞」になる。舞うように歩き、舞うように食し、舞うように皿を洗う。

満ち足りている、にもかかわらず舞う、というより、満ち足りているからこそ舞う。「為すべき」ことが向こうからやってきて、それをそのまま受け入れ、あたかも「おのずから」生じるように、すべきことをする。余計な力は入らない。「したい」と「すべき」が一致する。あるいは、何もしないこともできるのだが、その時その場において、すべきことがあれば、舞うようにする。

「したい」と「すべき」の区別がない。「する」と「しない」の区別もない。あるいは、「する（能動）」と「させられる（受動）」の区別もなく、「みずから」と「おのずから」の区別も消えている。そうした「平常心《びょうじょうしん》」における特別な「（行為ならざる）行為」が「舞」という言葉には込められていたことになる。

舞を舞うように。世阿弥は禅の「平常心《びょうじょうしん》」をそのように理解した。

# おわりに

うまくゆく時は、なぜか、うまくゆく。うまくゆかない時は、なぜか、うまくゆかない。そこが出発点であった。

うまくゆく時は、あれこれ考えない。頭で考えるより、からだの動きに乗っている。そうした「からだの動き」を信用し、その動きに乗ることのできる人は、そのままその流れに乗ってゆく。多少、うまくゆかないことがあっても、「からだ」の流れに乗っていれば、いずれ調整されると信じているから、立ち止まることがない。稽古の思想が、そうした達人たちの知恵に導かれてきたことは確かである。

ところが稽古の思想は、他方で、うまくゆかない時を想定し、そこから考える。あるいは、初心者の視点に寄り添い、初心者の失敗やつまずきから出発して、それらを乗り越えてゆく手順を工夫しようとする。

前者が「立ち止まらない」のに対して、後者は「何度も立ち止まる」。前者から見れば、後者は立ち止まるから「うまくゆかない」のであって、そのまま流れに乗ってしまえばよい。しかし後者から見れば、その「流れに乗る」ことが最も難しいのであって、やみくもに流れを真似ても上達できない。後者にとっては、やはり、基礎的な技術を、一つずつ丁寧に、順を追って習得してゆくしかないことになる。

稽古の思想はこの二つの視点を重ねる。むろんその多くは、一方を「初級」、他方を「上級」と区別し、異なる段階の出来事として、対立することなく関連させるのだが、しかし丁寧にみてゆくと、この二つの視点は両立しない。「立ち止まる」のか「立ち止まらない」のか。

稽古の思想は、ここでも特殊な仕方で両立を試みる。立ち止まることなく流れに乗ることを説きつつ、同時に、立ち止まって考えることを説く。一面では、うまくゆかないことなど想定せずにそのまま流れに乗ってしまえと説きつつ、他面では、うまくゆかない場面に立ち止まり、そこから出発して順に（分解して）習得することを説く。

安定した平衡に導くのではない。むしろ互いが互いを乗り越え合うように説く。あるいは、あたかも挑発するように、互いが互いの立場を反転させてしまうように説く。

よく知られているように、熟達したドライバーは、様々な動作を同時に行っている。ハンドルを操作し、バックミラーを確認し、ブレーキを踏む備えをする。複数の動作を同時並行するだけではなく、それぞれの動作を微妙に調整しながら、全体としてまとまりのある「流れ」にしている。

熟達したドライバーにとっては、何のことはない、普通にハンドルを握って車を走らせるだけのことであるのだが、しかし初心者にとっては、それができない。というより、それこそ最も難しいことである。仕方がないから、初心者は、個々の動作をひとつひとつ習得してゆく。個々のスキルとして、意識しながらハンドルを操作し、ブレーキを踏み、バックミラーを確認する。それを繰り返しながら、少しずつ複数の動作を並行させてゆく。

慣れてくると個々の動作が意識されなくなる。そして複数の動作を並行させるだけではなく、相互に調整しながら、運動させてゆく。そして最後には、運転するというひとつの「流れ」だけが意識される。

流れるように運転している場合、ドライバーの意識は、一点に固定されない。しかし散漫になるわけではない。いわば運転全体の「流れ」を見ている。周囲の車の動きを視野に入れた大きな広がりの中で、個々の動作を微妙に調整している。

そうした状態が「暗黙知 tacit knowledge」と呼ばれることもある。からだが憶えている、あるいは、身体化されている。のみならず、暗黙の次元で「学ぶ」ことが成り立ち、新しい技術を、意識せぬまま、身に付けてしまう。うまくゆく時は、そうした暗黙知が、意識されずに働いている。逆に、うまくゆかぬ時は、暗黙知が意識され問い返されてしまう。

稽古の思想は、一面において、暗黙知を暗黙知のまま（意識させずに）働かせることを求めつつ、他面において、その暗黙知を、暗黙知に留めず（意識化し）問い直す視点を持つ。より正確には、稽古の思想は、暗黙知を意識化しても、暗黙知のままに機能させておく位相を想定している。言い換えれば、暗黙知として働く「知」の在り方をそのまま（対象化することなく）「意識する」ことの可能な地平を想定する。運転の個々の動作を意識しながら、しかも滑らかに運転することのできる地平である。

矛盾を秘めた両立の知恵。それが、様々なジャンルにおいて形を変え言葉を変えて語り継がれてきた、稽古の思想であったように思われる。

『星の王子さま』のキツネの言葉を思い出す。「大切なことは目に見えない」。ある時期まで、稽古の思想も同じことを語っていると思い込んでいた。ところが、ある時、稽古の思想はその先を語っていたことに気が付いた。「大切なことは目に見える」。

でもこれではつまらない。そう感じた、あの時の感覚を、稽古の思想を語るたびに繰返す。本当はキツネのように半分で留めておく方がよいのかもしれない。

稽古の思想も、まず、キツネと同じく「大切なことは目に見えない」と教える。目に囚われていると大切なことが見えない。ところが、稽古の思想はその先に目を向け、あらためて「見る」ことを教える。

しかし「見る」ことは、あまりに当たり前であるから、新鮮味がない。「大切なことは目に見える」と聞いて驚くことができるのは、実は、「大切なことは目に見えない」を徹底して生きてきた人だけである。

大切なことは目に見えない、見えないことこそ大切である（暗黙知は大切である）。そう徹底した人に向けて、稽古の思想は「大切なことは目に見える」という。あるいは、「大切なことを見抜く眼もある」（暗黙知から離れるのではない、暗黙知を、暗黙知の働きのままに「見る」）。

この「見抜く眼」は、見る目を鍛えても、その延長上には獲得されない。しかし「見る目」を鍛えることなしには獲得されない。見る目を鍛えつつ、しかし、大切なことは目に見えないと何度も確認し続けるとき、その先に、新たな出来事として生じてくる。大切なことを見抜く眼。

「見えるもの」だけが大切なのではない。「見えないもの」も大切である。しかし「見えないもの」だけが大切なのでもない。「見えないもの」を大切にしていると、あらためて「見える（見抜く）」地平が開けてくる。その「見える（見抜く）」は、「見る」と「見ない」が特殊な仕方で両立しているような出来事、見ることもできるし見ないこともできる、自在な境地ということになる。

## 文献案内

1、黒田亮『勘の研究』（講談社学術文庫、1980、初版1933）
剣法、芸能、荘子、禅などの思想を「勘」という切り口から心理学的に整理した古典的研究。「覚」を鍵概念とする。心理学とは「自内証の事実（体験）を記述する学」という。『続・勘の研究』（講談社学術文庫、1981年）は「那一点」、「直指」、「機」などの概念を検討する。

2、諏訪春雄編著『芸能名言辞典』（東京書籍、1995）
多領域の芸能名言（芸談）を収録し解説する。「芸」「稽古」「師と弟子」「名人」「心」「老い」「伝統」などのテーマについて、歌舞伎、文楽、能・狂言、日本舞踊などの名人たちが残した言葉が並ぶ。

3、魚住孝至『道を極める——日本人の心の歴史』（放送大学教育振興会、2016）
稽古の思想史の上質な入門書。詳しくは本書「コラム①道と稽古」を参照。

4、湯浅泰雄『身体論――東洋的心身論と現代』（講談社学術文庫、1990、初版1977）

東洋の哲学的思考は「修行」と共にある。単なる理論的思考ではなく「身体で覚えこみ」、「体得」「体認」される。東洋的「心身」論の現代的意義を浮かび上がらせた基本文献。

5、山口一郎『文化を生きる身体――間文化現象学試論』（知泉書館、2004）

フッサール現象学の立場から、身体と文化の関連を解きほぐした労作。気の修練、武道における呼吸、唯識哲学の身体性など、東洋の思想が、後期フッサールの「受動的総合」「発生的現象学」の視点から解きほぐされる。

6、ヘリゲル・O『弓と禅』（魚住孝至訳、角川ソフィア文庫、2015、原著 Zen in der Kunst des Bogenschiessens、初版1948）

戦前に東北帝国大学講師として来日した新カント派哲学者の残した稽古の体験的考察。弓道の師、阿波研造の下で「術なき術」の稽古を続け、呼吸法を学び、心を無にして射る「無心の離れ」に至る過程を語る。同文庫本に収録された講演録「武士道的な弓道」（1936）も、その体験世界を理解するための貴重な資料である。

7、デュルクハイム・K『肚――人間の重心』(第二版、下程勇吉監修、落合亮一・奥野保明・石村喬訳、麗澤大学出版会、2003、原著 Hara : Die Erdmitte des Menschen、初版1956)

外交官として来日し坐禅、弓道、茶道を習得する過程で、「肚」を鍛え「肚」によって自然の根源力と結ばれる日本の身体文化に注目した。坐禅を心理療法に取り入れた試みでも知られる。その時代のナショナリズムと結びついた日本礼讃は「批判的」に理解される必要がある。

8、ボルノー・O・F『練習の精神――教授法上の基本的経験への再考』(岡本英明監訳、北樹出版、2009、原著 Vom Geist des Übens、初版1978)

前掲ヘリゲル、デュルクハイムを踏まえつつ、稽古を教授法の視点から検討する。詳しくは本書「コラム① 道と稽古」を参照。

9、ポランニー・M『暗黙知の次元』(高橋勇夫訳、ちくま学芸文庫、2003、原著 The tacit dimension、初版1980)

意識されないまま暗黙のうちに複雑な動作を調整している「暗黙知 tacit knowledge」を指摘した古典的な書。非言語的で包括的なもうひとつの知の在り方を問う。ポランニーの「暗黙知」とは異なるが、経営学においては、野中郁次郎氏が「暗黙知」を「形式知」と対立させて知識経営論を構築している。

10、生田久美子『「わざ」から知る』（東京大学出版会、1987）、および、生田久美子・北村勝朗編『わざ言語――感覚の共有を通しての「学び」へ』（慶應義塾大学出版会、2011）。「わざ」の問題を認知科学の地平へと切り拓く貴重な試み。詳しくは本書「コラム⑥ わざ言語」を参照。

11、倉島哲『身体技法と社会学的認識』（世界思想社、2007）「技」を身につけることで変容してゆく行為者の「世界」を、身体技法に焦点を当てて、社会学的に論じた労作。前半「理論編」は、ブルデュー、エスノメソドロジー、正統的周辺参加、モースの身体技法論などの詳細な検討。後半「実証編」は参与観察の詳細なフィールドワーク。「技の有効性を相互身体的に判断するための条件」が語られ、同一性が解体されていく様子が示される。

12、奥井遼『〈わざ〉を生きる身体――人形遣いと稽古の臨床教育学』（ミネルヴァ書房、2015）

淡路島・人形浄瑠璃の稽古と継承に関するフィールド研究。稽古を支える相互行為、知識の参照点としての身体、背景化しながら雄弁に語る身体など、教え手と学び手との双方がわざの伝承を通じて変容し合う共同的な作業を描き出す。「身を投じた学び」という視点も興味深い。

13、その他、世阿弥を中心とした芸能の文献については、西平 直『世阿弥の稽古哲学』（東京大学出版会、2009）、稽古における無心に関連した文献については、同『無心のダイナミズム』（岩波現代全書、2014）、また、稽古をライフサイクル全体の中に位置づけて考え直す試みについては、同『ライフサイクルの哲学』（東京大学出版会、2019）。

# あとがき

宗教学を専攻する学生には、武道や芸道をやっている人が多いという（島薗進『宗教って何だろう』平凡社、二〇一七）。分かるような気もするのだが、では武道や芸道という「道を求める」文化は宗教に近いのか。しかし、もしそうでないなら、それは芸術か倫理か教育か。

「わざを学ぶ」という点から言えば、学習や教育の領域とも近いはずなのだが、近代日本の教育学は、近代学校の効率的なコンサルタントを本務としたから、伝統的な稽古の知恵には目を向けてこなかった。「身体的なわざ」という意味では、芸術や体育にも近いはずなのだが、これまた近代西洋をモデルとした芸術学や体育学の中には、納まりが悪かった。

では、哲学や倫理学かといえば、それでは身体的な「わざ」が抜け落ちてしまう。倫理学から見ると、「道を求める」文化は社会の問題に関心を示さず、もっぱら「わざ」を通して自己と向き合う面に専念していた。ならば心理学が近いかといえば、「道を求める」稽古の文化をそのまま受け入れる厚みは（自己成長を扱う「人間性心理学」など多少の例外はあるものの）心理学には用意されていなかった。

稽古の知恵は、身体の工夫であり他者との関わり方の工夫であり自己と向き合う工夫である。自らの「意識」と関係を取り直し、自らの「存在の仕方」を変える。その意味ではやはり宗教体験や芸術体験に近く、現代英語ならば「スピリチュアルな体験」と呼ぶ位相にも関わっている。そうであれば、ひとつの学問に納まりきらないどころか、そもそも「学問」の地平には馴染まない、それとは異なる位相に広がる出来事であったことになる。ではそれは現代の言葉でいえばどういう内容であるのか。

この本はその問いに少しばかり答えてみようという試みであった。とはいえ、やり残したことばかりである。当初は、認知科学に学び、ソマティックやホリスティックの地平とつながり、人工知能の理論との対話にも挑戦したいと思っていたのだが、実際には、これまで語り継がれてきたことを整理するだけで精一杯であった。というより（負け惜しみを承知で言えば）思想史の内に秘められた先人たちの知恵の深さに、あらためて圧倒されてしまったのである。何度語り直しても語り尽くせぬ先人たちの言葉の厚みから、離れることができなくなってしまったのである。

その過程で「修養」という言葉が気になり始めた。「稽古」と重なりながら、どこか色合いが違う「修養」。英語は稽古も修養もすべて含めて self-cultivation と呼ぶ。およそ「自らの身心を耕し cultivate、文化 culture を受け継ぐこと」。いつの日か「稽古」と「修養」を包括する self-cultivation の地平を（その訳語の工夫も含めて）考え直してみたいと思う。

春秋社の佐藤清靖氏は、こうした当てのない私の構想に付き合い（おそらく二十年近く）声を掛け続けてくださった。紙面を借りて厚くお礼申し上げたい。

西平　直

二〇一九年二月

著者略歴

西平　直（にしひら・ただし）

1957年生まれ。信州大学、東京都立大学、東京大学に学び、立教大学、東京大学、京都大学に勤務の後、2022年より上智大学グリーフケア研究所特任教授。専門は、教育人間学・死生学・哲学。

主要著書

『エリクソンの人間学』（東京大学出版会　1993年）
『魂のライフサイクル』（東京大学出版　1997年）
『魂のアイデンティティ』（金子書房　1998年）
『シュタイナー入門』（講談社現代新書　1999年）
『教育人間学のために』（東京大学出版会　2005年）
『世阿弥の稽古哲学』（東京大学出版会　2009年）
『無心のダイナミズム』（岩波現代全書　2014年）
『誕生のインファンティア』（みすず書房　2015年）
『ライフサイクルの哲学』（東京大学出版会　2019年）
『修養の思想』（春秋社　2020年）
『養生の思想』（春秋社　2021年）
『井筒俊彦と二重の見』（未来哲学研究所・ぷねうま舎　2021年）
『西田幾多郎と双面性』（未来哲学研究所・ぷねうま舎　2021年）

主要編著・共著

『宗教心理の探究』（島薗進と共編、東京大学出版会　2001年）
『シリーズ死生学・第三巻　死とライフサイクル』（武川正吾と共編、東京大学出版会　2008年）
『ケア講座・第三巻　ケアと人間』（編著、ミネルヴァ書房　2013年）
『生涯発達とライフサイクル』（鈴木忠と共著、東京大学出版会　2014年）
『ケアの根源を求めて』（中川吉晴と共編、晃洋書房　2017年）
『臨床教育学』（矢野智司と共編、協同出版　2017年）
『無心の対話――精神分析フィロソフィア』（松木邦裕と共著、創元社　2017年）
『未来創成学の展望』（山際壽一・村瀬雅俊と共編、ナカニシヤ出版　2020年）
『無心のケア』（坂井裕円と共編、晃洋書房　2020年）

# 稽古の思想

二〇一九年四月二〇日　第一刷発行
二〇二二年七月一〇日　第六刷発行

著　者　西平　直
発行者　神田　明
発行所　株式会社　春秋社
東京都千代田区外神田二―一八―六（〒一〇一―〇〇二一）
電話〇三―三二五五―九六一一　振替〇〇一八〇―六―二四八六一
https://www.shunjusha.co.jp/
印刷所　株式会社　太平印刷社
製本所　ナショナル製本協同組合
装　丁　伊藤滋章
定価はカバー等に表示してあります
　ISBN978-4-393-31303-9

西平直の本

# 稽古の思想

「稽古」とはいかなる思想か。そこに秘められた「智恵」の意味するところとは。「稽古」を知の地平に解き放ち、東洋的心性のありかを探る好著。自己と他者に向き合う、身体知の世界。

2200円

# 修養の思想

「修養」は修行や稽古や養生とはどう違うのか。江戸・明治期の修養論に秘められた「生きる英知」とは。日本的心性のありかを探り、これからの未来を展望する、柔らかな日本思想論。

2200円

# 養生の思想

「養生」とはなにか。自らの心と体、そして世界をいたわり、養い、治める知恵とは。江戸期の『養生訓』を軸に、古代思想から現代医学にまで降り立つ、縦横無尽の〈養生〉考。

2200円

▼価格は税込（10％）。